余绍宋研究（第二辑）

刘恩聪 编

浙江工商大学出版社
ZHEJIANG GONGSHANG UNIVERSITY PRESS
·杭州·

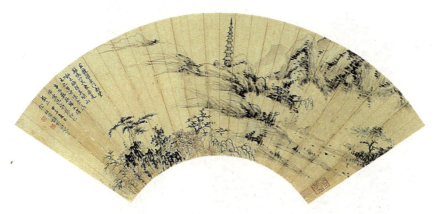

鸡鸣山居图

沐尘图

龙丘山图

幽岩览胜

豸屏纪游

梁格莊會葬圖

梁格庄会葬图

总序一

　　早就听说龙游是一个历史悠久的古县，有着深厚的文化积淀。到龙游工作后，随着了解的深入，我对这个城市有了深刻的印象。这里有将近一万年前人类生活的遗址；春秋时期是姑蔑国的中心区域，现在的县城就是当时的姑蔑城所在；秦始皇统一六国之后，在姑蔑地建太末县，成为浙江省境内最早设立的县治之一，屈指一数，建县历史已有 2200 多年。

　　历史悠久，文化积淀当然丰厚：一大批凝聚着龙游人民智慧和汗水的地方戏曲、民间舞蹈、匠作工艺、民俗饮食等地方文化结晶，演绎了独具魅力的龙游区域文化。千古之谜龙游石窟，为龙游一方故土增添了神秘色彩。龙游民居苑古建筑，见证着龙游商帮的历史荣耀，讴歌了"无远弗届"的创业精神，谱写了"遍地龙游"的千古佳话。傍着县城东流的衢江，曾是历史上的一条交通干线，有不少骚人墨客，受龙游山水风光的感染而写下锦词丽句，使得这段水道成了历史上又一条"唐诗之路"。2018 年，更有建于元代的姜席堰入选世界灌溉工程遗产，再一次证明了龙游人民改造自然的优良传统和不凡的创造能力，成为龙游地方文化的又一张"金名片"。当我在加拿大萨斯卡通现场接过"世界灌溉工程遗产"牌匾之际，一种自豪感油然而生，我为龙游骄傲，为龙游人民骄傲。

　　龙游的历史上，曾有《文心雕龙》的作者刘勰、"初唐四杰"之一的杨炯、抗金名将宗泽等在此任地方官，也涌现出不少出生龙游、名载史籍的文化名人，如南朝以"箬叶学书"传为佳话的学者徐伯珍、唐代诗人徐安贞、宋代"南渡名宰"余端礼、元代天文奇才赵友钦、明代天台宗师释传灯、近代方志学家余绍宋、革命战士兼学者的华岗等，为我们留下宝贵的精神财富。更有无数龙游先贤撰著了一批儒学、宗教、天文、历史、医学、工器、类书等方面的著作，创作了大量立意深远、讴歌家乡山水风光的诗词歌赋。这一切，为这片古老大地赢得了"儒风甲于一郡"的美誉，既是无比珍贵的文化遗产，也是我们回顾历史、开展地方文化研究的水之源、木之本。由于时空更迭、沧海桑田，不少珍贵的文化遗产已湮没在历史的尘埃之中，留存至今的也被深藏于国内外各图书馆的善本书库之中，在我们龙游，反而是难以寻觅了。

文化是一个地方的血脉渊源和精神家园，为此我们遵循党的十九大精神，本着传承优秀文化，增强文化软实力的初衷，启动了龙游文库文化工程。一方面是通过历史文献的整理重印，让这些古籍回到家乡，使龙游百姓和后代子孙得以亲睹先贤著作，使尘封已久的文化瑰宝为现实的生产建设提供丰富的精神食粮，使人民看得见历史、记得住乡愁。我们通过影印本的形式，在国家图书馆出版社的支持下，《龙游历史文献集成》8 函 74 册古籍已于 2017 年得以重印出版。另一方面，一些比较重要的前贤诗文集和各种旧县志，为了方便大家阅读，县史志办公室进行点校整理，由中华书局出版发行。

文化需要传承，更需要创新。龙游文库文化工程的历史文化研究系列，重点围绕新时代改革发展的大环境，编著出版一批新的地方文化著述，以新视野、新观点、新角度，赋予龙游地方文化新的内涵。通过梳理完善，将原先分散的文化亮点串连起来，使龙游的文脉更加完整更加清晰，从而发挥整体效应和时代效应，紧密结合社会主义核心价值体系建设，坚定发展信念，为全县经济社会科学发展注入新的活力，凝聚更多文化认同，汇聚更大精神力量。

习近平总书记说："坚定文化自信，离不开对中华民族历史的认知和运用。历史是一面镜子，从历史中，我们能够更好看清世界、参透生活、认识自己；历史也是一位智者，同历史对话，我们能够更好认识过去、把握当下、面向未来"。我相信，通过《龙游文库》

这个载体，对龙游地方文化全面、系统、扎实的整理和研究，必将有效提升龙游文化软实力，助力区域明珠型城市建设，为全面建设"活力新衢州、美丽大花园"做出贡献。对此，我愿与各方关注龙游文化的有识之士共勉。是为序。

中共龙游县委书记 刘晓晖

2019 年 1 月 18 日

总序二

龙游，历史悠久、人文荟萃，素有"姑蔑故都、万年文明"之誉。源远流长的历史，留下了丰厚的文化积淀。从史前文化到古代文明，从近代变革到当代发展，龙游历经千百年的传承与创新，形成了具有鲜明龙游特色、深厚历史底蕴、丰富思想内涵的龙游商帮、姜席堰等一批地域文化，这是龙游人民共同创造的物质财富和精神财富的结晶，是龙游文化发展的动力和源泉。

习近平总书记曾指出："从区域文化入手，对一地文化的历史和现状展开全面、系统、扎实、有序的研究，一方面可以借此梳理和弘扬当地的历史传统和文化资料，繁荣和丰富当代的先进文化建设活动，规划和指导未来的文化发展蓝图，增强文化软实力，为全面建设小康社会、加快推进社会主义现代化提供思想保证、精神动力、智力支持和舆论力量；另一方面，这也是深入了解中国文化、研究中国文化、发展中国文化、创新中国文化的重要途径之一。"我们今天实施龙游文库的编撰工作，其目的和意义也在于此。

如何让龙游历史文化的深厚底蕴、优良传统为当代所用，为县域发展服务，这是历史传承给我们的一项艰巨任务，也是历史赋予我们的一项神圣使命。在这件工作上，时代是出卷人，我们是答卷人，人民是阅卷人。2014 年，龙游文库编写工作正式启动，它将深藏于国内外各图书馆中涉及龙游历史的古籍进行收集、整理，或影印，或点校，采用适合当代人阅读的方式进行系统出版，此为文献整理；同时又组织县内外的专家学者，对历史文化中的重点领域进行课题式研究，此为专著编撰。

这两大类书籍的出版，必将丰富、发展龙游文化的外延，进一步增强龙游文化的创新能力、整体实力、综合竞争力，发挥文化在促进龙游经济、政治和社会建设中的作用，这是当今龙游人的文化自觉和责任担当，具有重要的现实意义和深远的历史意义。

文章合而时为作。《龙游文库》的编撰，是对龙游区域文化历史和全景风貌的展示，既能让人看到文化发展脉络的延续，同时也能让人感受到它的发展方向，因此，文库在史料性、知识性、学术性、创新性、时代性、可读性等方面都要有所体现，其编撰难度可想而知。我来龙游后，抽空也认真阅读了一些有关龙游历史文化的书籍，真切地感受到大家对龙游文化的热爱，以及编写者对历史的高度负责态度和严谨学术精神。正是有这样一批辛勤奉献的文化人，才使龙游的历史文化得以精彩地展现，也正是有史志办等相关部门的共同努力，才会使龙游文库变得更加厚重丰实。当然，总体来说我们的研究还刚刚起步，面对万年龙游的深厚积淀，还需要一个持续、长远的坚持。同时，也由于研究力量相对薄弱，完成时间相对紧张，一些作品中难免还有一些失漏、讹误等遗憾。对于这些问题，也希望广大学者和读者能够批评指正。相信，随着研究力量的增强和研究水平的提升，龙游文库的作品一定会越来越好。

当前，龙游文化建设正站在一个新的历史起点上，面临千载难逢的机遇，也面临十分严峻的挑战。如何抓住机遇，迎接挑战，始终保持龙游文化旺盛的生命力，真正走在衢州乃至全省的前列，力争上游，是需要我们认真研究、不断探索的重大课题。我们要以习近平新时代中国特色社会主义思想为指导，以更深刻的认识、更开阔的思路、更有力的措施，大力推进龙游文库研究工程，努力实现在文史研究上"多作贡献、走在前列、当好表率"。

奋斗创造幸福，实干成就梦想。我们期待有更多的优秀成果问世，以展示龙游文化的实力，使龙游文化强县建设更上一个新的台阶。

中共龙游县委副书记
龙游县人民政府县长　　幹東岑

2019 年 1 月 18 日

编辑说明

余绍宋（1883—1949 年），浙江龙游人，字越园，早年曾用樾园、粤来、觉庵、觉道人、映碧主人、宣南寓公等别名。四十六岁后更号寒柯。1906 年赴日本留学，先学铁道，后改学法政。1910 年日本东京法政大学毕业后回国，以法律科举人授外务部主事。民国初任职司法部，历任佥事、参事、司法次长等职。1942 年任浙江省史料征集委员会主任委员，次年任浙江省通志馆馆长，主持重修《浙江通志》。余绍宋是著名的学者和书画家，在书画艺术、书画理论、方志学、目录学和法学等多方面都有杰出的成就。2001 年入选浙江省社科院"浙江文化名人传记丛书"，成为浙江省古今百位文化名人之一。

乡贤文化是一个地域的精神文化标记，是连接故土、维系乡情的精神纽带，是探寻文化血脉、张扬固有文化传统的精神原动力。根据"龙游文库"的总体安排，余绍宋作为龙游乡贤的代表人物，自然是"历史文化研究系列"收录的首选。《余绍宋研究》文集的出版，为龙游乡贤文化的薪火传承做了一次有益的尝试和探索。

《余绍宋研究》第二辑，侧重于研究性文集，有对其学术成就的剖析研究，有对其国画艺术的鉴赏解读，也有对其法治思想的论述。编排中以余绍宋的书画艺术、方志编纂、《寒柯堂诗》等成就以及综合性介绍为序，选录的文章均注明出处，辑编者必要的说明则以圆括号标出。

注重文字的规范化，书中所录文章，通假字、异体字等均以《现代汉语词典》中的首选字为准。

《余绍宋研究》早在 2016 年便已开始选编工作，先后时间较长，至

2020 年编定出版。主观上本着高度负责的态度，但由于编者水平有限，难免有疏漏、讹误等缺憾，对此，恳请各方专家与读者批评指正。

编　者

2020 年 10 月

目　　录

师古人与师造化的统一——余绍宋国画艺术初探 …………… 包辰初 1

学者型的书画家——余绍宋 …………………………………… 余子安 5

余绍宋先生和先师蒋莲僧先生交谊片段 ………………………… 姚渭之 12

余绍宋笔下的家乡山水 …………………………………………… 鄢卫建 14

高自标致　躬身力行——余绍宋其人其学其艺 ……………… 余久一 18

云散风流人往——民国杭州东皋雅集漫谈 …………………… 余久一 26

方志学家余绍宋 …………………………………………………… 鄢卫建 41

近代方志学的经典之作——写在通读民国《龙游县志》之后 … 劳乃强 62

重读《寒柯堂诗》小识 …………………………………………… 刘衍文 71

越公《与客谈诗漫成二十二绝》笺 …………………… 刘衍文　刘永翔 80

读《余绍宋日记》话旧 …………………………………………… 刘衍文 103

近世学者余绍宋 …………………………………………………… 朱馥生 118

论余绍宋的民主、法治思想 ……………………………………… 朱馥生 125

《书画书录解题》目录学成就浅探 ……………………………… 谷辉之 135

余绍宋和邻竹斋 …………………………………………………… 劳乃强 141

《梁格庄会葬图》——余绍宋与梁鼎芬的如烟往事 ………… 鄢卫建 145

略论 20 年代梁启超与余绍宋之交往 …………………………… 鄢卫建 151

余绍宋与江山中学堂的慈禧画片案 ……………………………… 申　元 160

余绍宋为杨炯正名 ………………………………………………… 朱馥生 163

从胡健中的用人说到余绍宋编《金石书画》…………………… 朱馥生 166

师古人与师造化的统一

——余绍宋国画艺术初探

包辰初

以诗言志，以画言志

在抗日战争时，我曾见到余绍宋先生的一幅《墨松》，主干挺拔，枝叶茂密，笔力苍劲，墨色清润，上题："严霜珍异类，卓然见高枝。此靖节咏松诗也。"这幅画给我留下非常强烈的印象，直到四十年后的今天，印象还非常明晰。作品虽属信手拈来之笔，但从立意到笔墨，都体现了余绍宋先生在当时的思想感情和国画艺术上多方面的修养。

1986 年浙江省博物馆举办的余绍宋作品藏品展览会上，展出的四尺整幅《水墨棕榈树》大笔淋漓，气势雄伟，墨韵也极好。一株不被人们重视的棕榈树展现在观众的眼前，给人一种昂首傲立坚不可拔的感觉。细看画端题字："棕榈树昔日人罕有画者，余独喜其劲直，既以入画更为诗张之。"这幅画作于 1938 年抗日战争初期的艰苦岁月里，广大中国人民为民族解放运动付出了巨大的代价，但也有少数人丧失民族气节。所以他诗中咏道："独爱棕榈树，孤高意气扬。"更喜欢棕榈树那种"冬夏不改色，荣枯自有常"。这是他内心爱憎分明的写照。

一拳奇石、数撇兰叶也是余绍宋先生常用的画题。"空谷幽馨动我思""灵均一往谁为佩"则是他题画兰的诗句。灵均是著名爱国诗人屈原的字，所作《离骚》以幽兰自况。余绍宋先生在国难当头之时，一再画兰、咏兰，挥洒比兴之间，充分流露了他忧国忧民的爱国主义情操。

余绍宋先生书画遗作中墨竹的比例最大，咏竹的诗也很多。他喜欢竹的高风亮节、虚心挺直,这是他借竹以抒发自己情感的一种手段。"玉立亭亭向碧霄,此君风格本清超。"(自题写竹诗)"暂屈岂本怀,自有独立时。"(雪中写竹漫题)

可见,他的诗是言志之诗;他的画也是言志之画。

师古人更师造化

余绍宋先生善画山水,尤精于写竹,画梅画松也是他的长处。展开画卷即使遮住落款,一望即知出自先生之手。这是他善学古人之法,而不泥于古人的缘故。他精通画史,潜心画论,研读之余辑成《画法要录》初编、二编,又撰成《书画书录解题》。

先生中年在北京司法部任职时曾随武进汤定之学画。并与汤定之、陈师曾、林宰平等人组织"宣南画社",谈诗论文、切磋艺事。汤定之名涤,江苏武进人,名画家汤雨生曾孙。画承家学,善山水,恬逸疏淡,以韵味胜。晚年善画松,苍劲古朴,传统功底极深。余绍宋先生虚心求道,刻苦研习,画艺日进。

京师之地名家云集,私人藏品也极丰富,又有荣宝斋等处专营名画名迹,他有空便去观摩。后来余绍宋先生又担任故宫博物院维持会常务理事,得以遍观古人名迹,这对他学习传统绘画技法和鉴定古名画的本领,是有极大帮助的。

中国画在清末民国这段时期,一方面受清代四王画风的约束,很难摆脱;另一方面也有人完全丢掉了古人经过长期积累起来的经验,而放纵于法度之外。同时也出现了如陈师曾、黄宾虹等人,异军突起,学古而不泥于古,以自己独特的风格立身于画坛。余绍宋先生亦属其中一员,他反对一意趋学古人,也反对不依法度的一意纵恣。譬如他在一幅墨竹中题云:"今人写竹一意纵恣,至使枝不离干,叶不离枝之古法荡然殆尽,余以柯敬仲、顾定之法矫之,不免失之板滞,然不悔也。"

余绍宋先生所作山水从元季黄公望等人入手,也参用明季沈石田、李檀园等人之法。他喜用中锋,钩勒线条刚劲有力,无论是山石或树木的钩勒都明显地表现出提按顿挫的书笔意。

他的山水画,往往着墨不多,但意境深远。一幅秋景,疏林数丛,远山隐隐,表现了秋季萧瑟的景象。

　　他爱国爱家乡，以他特有的笔法画了不少家乡的山川。《龙丘山图》是他游览故乡的龙丘山归后所作，层峦叠嶂，气势雄伟，是他写实的代表作。又有《鸡鸣山图》也是故乡山水的写实作品，可惜今已失传。

　　他既访名山大川，也游山乡小景。他的《耕隐庐图》，山川田畴、杂树房舍，造型来自家乡山区，用小青绿设色，很富生活气息。

　　余绍宋先生写竹之法远师与可，以及梅道人、顾定之、夏仲昭等人，风竹则服膺冯起震。他写竹如同写字，往往走笔如飞，顷刻即成。风晴雨雪各尽其态、新篁老竿、偃仰反侧极富变化。这些除了他师古人之外，和他长期仔细观察所画对象是分不开的。

　　他以古人为师，更以竹为友、以竹为师。他居住的寒柯堂，屋的两侧植竹数百竿，临窗而坐可朝夕相对。抗战期间移居故乡的沐尘山村，沐尘为产竹之地，他经常漫步竹林间，更与竹结下了不解之缘。如此，日夕置成竹于胸中，然后落笔，必有佳作。

　　曾见到他的《黄山松》册页，每幅画上的松或盘曲，或挺立，或穿云，或迎风，千姿百态，非观察生活不能臻此。

　　如上所述，可见他的画，体现了师古人与师造化的统一。

读万卷书，行万里路

　　余绍宋先生为近代著名学者，所著除前面提到的两书之外，还有《中国画学源流之概观》。他还修纂了《龙游县志》，主修了重修《浙江通志》。尽管他著作等身、学富五车，但他直到晚年还手不释卷，孜孜以求学问之道。

　　先生的知识面十分广阔，经世文章、史学、文学、书画理论、目录学甚至佛学之书都一一涉览。

　　先生又喜游名山大川，足迹走过半个中国，每至一处都有写生作品，这是他的作品具有生活气息的主要原因。

　　他不但自己如此做了，而且积极主张，凡学画的人必须做到多读书、多游览。1937年4月，他在第二次全国美术展览会上，讲演了《国画之气韵问题》，十分强调这一点。兹节录其文如下，作为结尾。

　　　　此本董香光说，所谓读万卷书行万里路是也。董氏此说，本为画山水而发，其实凡画皆然。盖不读书则无知识，不游览则无闻见，其人气量必日流于猥鄙，虽日事丹青，穷极工力，亦不过工匠之流。郭若虚所谓"众工之事画而非画"也。常见近今画手，画法非不高明，传授亦出名家，而以不读书游览之故，遂至成为手技。知其然而不知其所以然者，比比焉。故欲学画者，纵不能尽读经史有用之书，亦应尽读古人画论，略窥古人精意。纵不能遍游海内名山，亦应时作野外之游，领取实物真景之生意，断不可屈居斗室中，专事埋头伏案也。

录自团结出版社 1989 年 1 月版《余绍宋》。

学者型的书画家——余绍宋

余子安

正值先祖父余绍宋先生逝世五十周年之际，浙江省博物馆决定编辑出版《余绍宋书画集》，这是一件十分值得庆幸的事。由于多种原因，这位在二十世纪二十年代至四十年代声名远播的学者、书画家，已逐渐被人们淡忘。他生前不愿开个人书画展，也不愿出版个人书画集（见《余绍宋日记》，北京图书馆出版社 2003 年 12 月影印版），以致从事美术教育的人也很少见过余氏的书画，认为余氏只是位书画理论家。历史走过了半个世纪，存于人间的余氏书画作品损毁过半。再过许多年，余氏之善书画，或许仅能从词典中查到而已。此次浙江省博物馆精选馆藏余绍宋书画及家属所藏共六十余件作品，以创作年代为序，编辑印行，以广流传，实在是抢救文化遗产的一件大好事。

余绍宋先生的一生，大约可以分为三个时期。一是青少年求学时期，二是中年宦游兼著述时期，三是晚年闲居与著述时期。现简述如下，以供读者参考。

公元一八八三年清光绪九年癸未十月初六，余绍宋先生诞生于浙江省衢州（今衢州市）化龙巷一个书香之家。先生自幼聪颖，深受曾祖、祖父的宠爱，七岁入家塾读书。一九〇六年赴日本留学，先学铁道，不久改学法政。一九一〇年毕业于日本东京法政大学，同年回国。这是余绍宋先生的求学时期。

余绍宋先生回国后，在北京任外务部主事。次年辛亥革命起，曾回浙江，在杭州任教于浙江法政专门学校。民国初，赴京先后任司法部佥事、参事。民国十年、十五年先后两次任司法部次长，并曾代理总长。这期间还兼任北京大学、北京师范大学、燕京华文学校、法政大学、法政专门学校、美术专门学校教授，及法大、美专校长等职。一九二七年一月司法储才馆成立，任学长兼教务长。是年十月辞去一切职务，结束了长达十六年的宦游生涯，南归定居杭州。

一九二八年余绍宋先生正式定居杭州，徜徉于湖山之间，读书、论著，并以书画自娱自给，过着闲云野鹤般的休闲生活。一九三七年抗日战争起，为了避免日寇的威逼蹂躏，隐居于故乡龙游县境内的沐尘山村。一九四三年应邀出任浙江省通志馆馆长，为浙江省文献的搜集和整理，付出了辛勤的劳动。一九四五年回杭，继续省志的修纂工作，成初稿一百二十五册。一九四九年六月三十日因患败血症在杭州萱寿里寓所病故，终年六十七岁。

余绍宋先生一生中从未停止过学习，自他十七岁那年起就开始记日记，直至逝世之前，除生病住院外，从未停止过记日记。他的日记中有许多读书、读画心得，学习方法等学问之道，同时也保留了许多珍贵史料。正是这种不断学习和进取的精神，使他取得了成功——有等身的著作和造诣高深的书画艺术水平。

余绍宋先生的主要著作有如下四种：

（一）先生早年从事司法工作，曾编译了三部法律书籍，又曾任修订法律馆编纂、顾问等职，曾参与民国初宪法的编纂工作。

（二）方志学方面的著作。一九二五年先生独立修纂的《龙游县志》四十二卷，由北京京城印书局排印出版。梁启超先生为该书作序，给予极高的评价。由于时代的局限性，有些美中不足，但该书仍被当今的方志学界确认为民国时期的优秀方志之一。

一九二八年广东省教育厅函聘先生为广东省通志馆总纂，后因经费等问题，未赴任。

一九四三年先生出任浙江省通志馆馆长直至一九四九年，在他主持下完成重修《浙江通志稿》一百二十五卷。先生逝世后，初稿本由当时的浙江省通志馆移交给浙江图书馆保存。一九八二年浙江图书馆据初稿誊钞并光电刻印行世，分装成一百二十五册。在任浙江省通志馆馆长期间，还主持编辑了《浙江省通志馆馆刊》，共出五期，内中收录了大量的浙江文献,以及学者们讨论修志方面的论著。余绍宋先生的许多修志观点也可从中读到。在民国三十八年之中,全国修成省志的只有寥寥数部,由此足见余先生在方志学界的贡献。

(三)关于书画方面的论著。一九二六年出版了《中国画学源流之概观》,虽然只有两万余字,却精辟地论述了中国绘画各个时期的流派、风格及其形成原因。该书原为讲稿,有天津南开排印本,又有英文译本,但目前已未见流传,仅从当年《晨报》副镌中见到连载,我已将它收入《余绍宋书画论丛》中(该书于2003年12月由北京图书馆出版社出版)。一九二六年余先生还编著了《画法要录》,初编由中华书局排印出版,不久续编也相继出版。该书搜集了历代名家论画法的重要观点,分类编排并加以比对。一九三二年余绍宋先生所著的《书画书录解题》出版。该书为我国书画类书籍的名著,收录了自汉代至民国书画类著述八百六十余种,分为史传、作法、论述、品藻、题赞、著录、杂识、丛辑、伪托、散佚十大类,每类一卷,下设子目。每类排列顺序为:书部、画部、书画部,各部以著作年代为序。所列之书必自亲见,未见之书另为未见类,为卷十一,卷十二为作者年代及著书年表,也以时代为序,极便检索。所作解题分为正体例、辨讹舛、重考证、存珍本四个方面,言必己出,绝不蹈袭前人旧语。《四库全书》所收书画类书籍为数不多,分类也极简单,所以《书画书录解题》就目录学角度来看,也是首创书画类的分类法。

一九三四年《东南日报》增设特种副刊《金石书画》,聘先生为主编,半月一期,共出八十七期,前七十二期有合订本三大册。日寇侵华,报社迁往浙南山区,《金石书画》被迫停刊。当时宣传手段、印刷技术都较落后,除北京的《故宫周刊》等刊物外,《金石书画》确实起到了对中国书画艺术的宣传和推动作用。一九八七年,杭州古籍书店据合订本影印行世,一九八八年又搜集第七十三至八十七期散页合为第四册出版发行。

一九三六年东方文化事业委员会聘先生为委员,撰写《续修四库全书总目提要》一书中艺术类提要(该类另一位撰稿人是班书阁先生)。抗战爆发,日本人桥川时雄回国带走了油印稿,原稿交东方文化事业委员会收藏。四五十年以后,中国台湾及大陆先后分别按油印稿、原稿排印出版。综上所述,余绍宋先生在中国书画理论方面所取得的成就是卓著的。

(四)抗战八年先生隐居沐尘,接触民众了解民众,渐多吟咏,有《寒柯堂诗》四卷行世。又闲居时集宋人诗为联,有《寒柯堂宋诗集联》一册印行。

余先生自幼喜爱书法,少年时在家乡已小有名气,后来到了北京,接触了许多名家,也见到了大量古今名迹,书画水平有了极大的精进。下面从书画两个方面来谈谈余绍宋先生的艺术成就。

前面已述及先生出生在世代读书的家庭,七代以来都善书画,至今尚有许多先代作品流传于世。先生幼时曾祖父尚在世,自幼受祖、父辈熏陶,读书识字之外,按传统方法临习颜柳书体,研读说文,临习篆隶,稍后则写北碑,再后也临习法帖。所以他的书法根柢深厚,不论篆隶真行草各体俱能。

就真书而言,他研习过雄浑刚劲的颜柳,也学过典雅庄严的初唐欧虞诸家,也临习过朴厚稚拙的元魏书风,也涉猎秀丽飘逸的王褚赵诸家法书。因此,余绍宋先生的真书刚劲之中蕴含着飘逸秀美的风格。如所书小楷《归砚楼记》,铁划银钩独多晋唐人的遗风;所书《重修绍兴大禹庙碑》则雄浑刚劲,可惜被刻工刻坏,失去了原来面目。又如所书《重修西溪历樊榭先生祠堂记》,真书而略带行书笔意,飘逸而不失端庄。所临赵孟頫正书《松江宝云寺记》不求形似,而得其神似。余绍宋先生一生所书碑刻不下百余种,均以真书为主,或略带行书笔意。可惜如今能见到拓本的仅四五十种而已。

行书是每个人一生中使用最多的字体,余绍宋先生当然也不例外,记日记、写信、诗文手稿、读书笔记几乎无一不用行书。行书书写便捷,人人都看得懂,由于使用频繁,自然就十分精熟。早年为方仲先所作行书屏已极见功力,稍后所作行书往往参以元魏人笔意,如《杨椒山先生狱中手植榆树歌》、为王孟特所作行书屏等等。中年以后所作行书更渐精熟,平日为人所作者也多行书,画中题跋也以行书或行草为多,精品流播为数也不少。晚年所书《竹庄诗话》随意挥洒,精迈清纯,自成家数。

草书有着很大的局限性,那就是不能为大众所识。三十年代初曾掀起一股草书热,于右任、卓定谋诸先生创立标准草书社,提倡使用标准草书,首创易识、易写、标准、美丽的原则。余绍宋先生持不同意见,认为草书不失其美丽,但要把变化无穷的草书结构及用笔标准化,并被广大民众所接受,是很难办到的。六七十年过去了,草书仍然只有为数不多的人才能认识。作为中华民族文化遗产之一的草书,余绍宋先生的确认真地进行过研究,他遗留下的草书作品为数不少,《黄山赋》《述书赋》算得上是他的精心之作。《黄山赋》行笔飞动,气势跌宕,足见他对草书结体用笔的精熟。《述书赋》则参以章草的书法,朴茂浑厚,颇成一家法。高丰先生为题签,称之为"寒柯堂草法";沙孟海先生生前见之,也极称其妙,认为可以出版供人临习。晚年为王福庵先生所作草书屏,不论章法气势、运笔用墨都已到了炉火纯青的地步。余绍宋先生也刻意研究过章草,他所写的章草,稳健中不乏飘逸、秀美中不乏遒劲,己卯所作题自作寒柯堂诗稿,便是他典型的章草作品,又为卓定谋先生题王世镗所作《章草草诀歌》也是章草中的精心之作。余先生对自己的草书作品也是很自信的,他常用的一方印,就是《自叙帖》中的一句话"精心草圣积有岁时"。王朝宾先生在《尚势出新的民国时期书法》(《书法》杂志一九八八年第六期)一文中称:"继沈曾植之后,王世镗、余绍宋、靳志、郑诵先等家之章草苍古妍润,皆自成面目。"

余绍宋先生自少年时就研读说文,所以他对六书是非常熟悉的。一九一八年他对徐心庵所刻印谱的批校,指出许多不合六书之处,足见他对篆法深刻理解的程度。他也常临习籀、篆,但很少为人写篆书,或许是因为籀、篆太费功夫的缘故。余绍宋先生的隶书也较少见,但从他的日记中得知,几乎稍有名的汉碑他都临摹过,但他自己写的隶书则以秀丽一路为主。他的篆隶作品传世不多,此次酌量选入数幅小品,以供读者品评。

余绍宋先生生前曾说:自己的书法第一,竹次之。这是因为他自幼学习书法,而三十三岁时始于公余学画。这是一九一五年的事,这一年武进汤定之先生来到北京,司法部同仁尊汤先生为师,组织"宣南画社",谈艺论文、切磋书画,不论尊卑,来不迎,去不送,每周一会,常常聚会于先生在京寓所西砖胡同,该处位于宣武门以南,故以"宣南画社"名之。后来陈师曾、贺履之、萧屋泉、郁曼陀等画家也来参加。加上司法部同人,最多时达二三十人。

汤先生善画山水,所以余绍宋先生的画是从山水画开始学习的。方法仍然是传统的临摹古画,画会时汤先生为初学者改画,善画的当众挥毫,或各出所藏供大家欣赏、学习。后来每次画会都要决定功课,以便下一次画会拿出来供大家评点。画题多为古诗中的名句,很有点像宋徽宗画院中的命题画。如此者数年,余先生的画有了长足的进步。现在我所能见到先生早年创作的画,要算一九二〇年所作的《梁格庄会葬图卷》。余绍宋先生的表伯梁鼎芬去世后,葬于河北易县境内的梁格庄,当时前清遗老及社会名流参加者很多,为纪念此举,余先生创作了此图。为此图题跋者数十人,多为当时名流。若论该图笔墨,当然不如后来所作的精到,但它是先生早年的代表作。一九二五年所作的《牛者十事图》,取典实之关于牛者各为之图。这一年正好是牛年,所画都是有关牛的典故,很类似故事画或诗意画。他的这类画流传不多,却很可以代表他的创作思想,所谓"心有所仪,聊以寄意"。一九二九年以后他的绘画有了飞跃,那时他已脱离官场,专心于绘画和著述,所作《晚秋》一幅,曾在国际博览会上获奖。林木萧瑟,天高气清,以中国画的手法生动地表现了深秋景象。

余绍宋先生的绘画既师古人,又师造化,善以传统的技法为自己所用,又善于观察不同的对象,使用自己的表现手法。一九三五年游广州,所作《罗浮纪游》共十四叶,用各家不同的笔墨状写真实景象,有学米家山水、有仿黄鹤山樵、有拟大痴笔意,也有出于自运,足见他对传统技法的精研,而能为己所用。一九三七年以后他隐居故乡龙游沐尘山区,游览了不少故乡的山山水水,如龙丘山、豸屏山、乌石峰等风景名胜,归来后均一一作图记其游踪。龙丘山古为龙丘苌隐居之地,龙游因此而得名,明代划归汤溪县。山为沉积岩,异峰突兀,草木森森。该图笔墨全出于对自然景观的写实而出于自运。我也曾去龙丘山游览,风光与图中所绘很相似,只是树木已不如图中茂盛,泉水也渐干涸。一九三四年所作《归砚楼娱亲图卷》状写四时风光,长达十余公尺,蔚为壮观。《临米敷文山水卷》和《烟江叠嶂图卷》足见余绍宋先生对中国画技法的娴熟,并且善学古人而不为古人所囿。

除山水画以外,余绍宋先生更善于画竹。中国文人最崇尚名节,而竹茎直且有节,被认为高风亮节的象征,自宋代以来写竹已成为中国画的一科,历代画竹名家辈出。余先生学画竹是在他南归以后,比学山水画要晚十余年。竹在各个不同生长时期形态不同,在不同气候条件下形态也不同,画家可以用自己不同的手法去表现。余先生在一九三四年所作之墨竹是晴日中的新竹;一九三六年所作之竹则是雨后微风乍起之竹;一九四九年去世前数月所作之竹则是雨中之竹。他写雪竹,不用渲染却俨然雪中之竹,此次未能见到合适作品,只得阙如。因先生擅书法,写竹用作书之法,所以他的竹气韵和笔墨俱佳。

除山水、墨竹外，先生也画松柏梅兰等，而较为特殊的是棕榈树，五尺整纸仅画树一株，笔墨淋漓，气势磅礴，并题诗一首于其上，有"冬夏不改色，枯荣自有常"一句。此图作于一九三八年抗战初期，其寓意是深刻的，读者自可细细品味。

余绍宋先生精通画论，他的画端题语，语言精炼，寓意深刻，往往是理论与实践的结合。譬如："拟黄鹤山樵小变面目，避形似也。凡拟古而离形得似者上也；形神俱似者次也；仅得形似者下也，故避之。"又如："以写意设青绿，虽非正宗，却可免板滞刻划之病。"又如："繁枝密叶易写，疏枝简叶难工，以繁可掩拙耳"等等。正如先生所说的："凡治一艺，必通其学，乃可以善其术。"也正因他深通画论，所以"奔走腕下者，神明规矩始卓然有所树立"。

综上所述，余绍宋先生是一位学者型的书画家。他在他所涉猎的学术领域和艺术领域里，所取得的成就是卓著的。我们相信通过《余绍宋书画选》的出版，以及《余绍宋日记》《余绍宋书画论丛》等书籍的出版，人们会进一步了解余绍宋先生，而给予公允的评价。

录自浙江省博物馆编，香港翰墨轩出版有限公司 1999 年 6 月版《余绍宋书画集》。

余绍宋先生和先师蒋莲僧先生交谊片段

姚渭之

余绍宋先生与莲僧师交情甚深，相见则切磋画学，分手则时有书信往还。特别是在抗战初期，省垣失守至金兰沦陷这段时期，双方过从甚密。兹据所知几点，记述如下：

1937年夏，越园先生游金华北山，见莲僧师藏有奚铁生《西溪记游图》长卷，十分欣赏，曾主动要求为其题跋。题曰：

> 丁丑夏，游金华北山，蒋莲僧先生出示此卷，用笔浑厚，与寻常所见不同，谅为其中年刻意之笔耳。昔闻芰芦庵有铁生《西溪长卷》，今已不存。此岂庵中故物耶？询莲僧先生卷从何来，答则得之江西贾客云。

后莲僧师把此长卷馈赠给我，在越园先生跋后，附题数字：

> 渭之嗜书画，多收藏，见此喜之，因即以赠。
>
> 莲僧时年七十又六

1940年，杭州牙医田宝永避乱，在兰溪开设牙科诊所，余绍宋先生特自龙游来兰就医，住北门电气公司。莲僧师备函由我前去求画，索得山水、墨竹各一帧，对联一副。水墨山水用笔略仿奚蒙泉，题曰"云壑幽居"。上款"渭之仁兄"，下款"余绍宋"(双印)。墨竹五根交枝掩映，临风似动。题曰："东坡诗'交柯枝叶动'，一一皆可寻其源，是真能道出写竹真意，寻味其句，作此一帧，即希渭之仁兄教正。余绍宋(双印)。"对联的上联为"独鹤有声知半夜"，下联是"数峰无语立斜阳"。令人痛惜的是，三件艺术精品及前面所讲的《西溪记游图》长卷，都于十年动乱中遗失了。

1945 年莲僧师病逝。其生前为我画过一幅《瀫溪图》水墨山水长卷。1946 年，我携此卷去杭，请求越园先生题字。见物思人，先生特为此卷手书长跋，记述他和莲僧师生前一段交谊厚情：

予识莲僧先生垂三十载，每相见必切磋画学，承其盛奖，许为忘年之交，盖先生长于予十八岁也。犹记二十五年前吾母六十生期，广征海内绘画为祝，独先生所作最多，凡十五幅，规仿各家靡不精到。其中已有拟麓台之作，浑朴深厚，得其神理，题为南陵春永。顾与此作笔墨完全不同，盖彼作于平时，雍容闲雅；此则晚年遭遇大乱时所写，心境既异，意兴自殊。骤视似太荒率，而细味正足见其平淡天真老笔纷披，自非寝馈于此道数十年不易臻此境也。惜予所藏皆于丁丑事变时沦失，睹兹遗制，眷念前尘，既兴坠甑之嗟，复动黄垆之感，予其何以为怀耶。因书以复姚君渭之，即希教正。

丙戌十月上浣余绍宋

此画已毁于十年动乱之中，所幸越园先生题跋尚存，聊堪告慰。

录自《余绍宋研究通讯》1986 年第 3 期。

余绍宋笔下的家乡山水

鄢卫建

乡贤余绍宋(1883—1949 年),生前创作过许多山水画,或长篇巨作,或尺幅小品,无不显示先生浑厚功底,以及师法自然,追求天人合一的人生境界。在他遗作中就有写家乡龙游的纪实山水《鸡鸣山居图》《龙丘山图》《幽岩览胜》《豸屏山图》《沐尘图》等。余绍宋是传统文人,我国的文人画多以写意为主, 山水画往往是文人想象中的意境或以古诗中的境界用笔墨将它表现出来。画家在这方面想要有所成就, 就必然要游历名山大川,以真山真水来丰富自己的作画素材。古人所谓"师古人不如师造化""搜尽奇峰打草稿",都是以自然界的真境为师,但所作之画未必与真景完全一致。而纪实山水则应与真山真水相符,是画家以自己的方式去表现真实的情景。在山水画创作中,余绍宋追求的不仅仅是"景"或"形"的逼真,更注重"神"的韵味。也就是说,他重视形态的具体描述,更重视形神兼备的艺术效果,努力营造自己心目中的山水意境。

余绍宋所创作的家乡山水画,每一幅都有其特殊的时代背景,凸显自我的个性。

《鸡鸣山居图》(见彩页)作于 1924 年,其跋曰:

出龙游东门南望鸡鸣山,其象若是。劫丈徜徉其间,山林之乐可想。余为事所羁,欲归不得,因写寄意,即乞教正。甲子夏日,余绍宋识于北京。

当时,余绍宋正在为家乡龙游编写《龙游县志》,其身份是北洋政府司法部次长。跋语中提到的"劼丈"即祝康祺,号劼庵。编修《龙游县志》两人具体分工协作,余绍宋专事文献资料搜集以及纂辑编写,祝康祺则在龙游负责采访资料,将其汇集,寄往北京。在整整四年修志过程中,二人书信往来近三百封,个中劳累酸甜苦辣唯当事者自知。余绍宋为祝康祺寄上此幅,主要是对同志长辈的精神慰藉,祝康祺已是六十多岁的老人了。而以鸡鸣山入图,也颇有意味。该山是"龙丘十二景"之一,有美丽的传说,是历代文人雅士题咏的对象。图中鸡鸣塔、鸡鸣岩、鸡鸣潭尽收画中。从跋语中,我们也读出了余绍宋对家山的心仪。

1927,余绍宋辞官南归,次年定居杭州。1937年"七七"事变,日寇侵华战争全面爆发。不久杭州遭敌陷,余绍宋避寇出逃,他选择了家乡龙游沐尘为避难住所。这段时间,使他有机会游览家乡名山,为他的创作提供了必备的条件。

《幽岩览胜》(见彩页)作于1937年秋天。幽岩是乌石山的旧名,位于龙游县城北四十里。相传南宋抗金名将岳飞奉诏回京时过此,留有题词,历代名家对此多有题咏。是年秋某日,余绍宋与吴南章诸乡绅来乌石山游览,后写下此幅。画图中山岩叠嶂,古柏苍翠,洞水汩汩,香客接踵,梵钟声声,曲径通幽,一派萧瑟秋景。整个画面乍一看浑厚天成,然读作者的跋语及题诗,可感受先生游山时难以名状的复杂心情。

绝壁破云开,秋深揽胜来。巉岩虽峭岁,山径却纡回。望断天涯路,心寒大地灰。登临感多难,孤负好楼台。

极目战云开,伤心我独来。泉水似鸣咽,鸟语亦低回。慷慨怀前哲,凄凉望死灰。题词犹宛在,何以慰泉台。

面临敌寇蹂躏,国土沦丧,眼前的景色勾引先生无限伤感。清泉汩汩似呜咽,飞鸟悲鸣且徘徊。于是整个画面看似雄浑华滋,却透露着秋风萧瑟的悲凉,作者忧国忧民的心情跃然纸上。

《豸屏纪游》(见彩页)作于1938年。豸屏山当地人亦称真武山,在龙游县北距泽随十里。这年的三月初八,余绍宋与众乡绅来游。豸屏山有东西二岭,先生一行由西岭而上,中途有一小亭,过亭后山路曲折,盘旋直上山巅，一路上怪石奇峰，势颇奇伟。一会儿峰回路转，到达秀峰寺山门。只见奇峰千尺，侧立涌现，极奇伟突兀之观，这就是被称为"豸屏"者，以形似而得名。至于称真武山，是因为后来有真武庙。余绍宋一行入山门登上豸屏之巅，其上约三四亩宽广，是登高望远极佳之处。向东北远眺，诸峰起伏，岩壑深秀，三门源、黄坛源、金溪蜿蜒曲折，西面是大乘山，南面平畴可望县城。

令余绍宋震撼的是豸屏峰无所倚的屹立，陡然翘起冲天的雄姿。此图配有先生古风一首，诗甚长，然其中几句足以吐先生心中块垒：

独有此峰钟灵秀，翘然堪作群山宗。我今不乐苦兵戎，不能奋起伤樊龙。幸哉到此拓心胸，振衣一啸来天风……

可见，余绍宋为国事所伤感的胸中郁愤之气，因眼前突兀冲天的豸屏峰而聚集成巨大的能量得以发泄。笔者也曾登临豸屏山，凭高望远，环视群峰，深为豸屏峰欲上青天的险峭折服，似乎更理解了先生笔下的这幅《豸屏山图》。

《龙丘山图》（见彩页）作于 1938 年，是余绍宋山水画作中的扛鼎之作。余绍宋的纪实山水，其特点是综合宋元明诸名家笔法技法，又融入他对自然山水的兴会，即得之传统，化于自然，故而气势宏大，意境隽永，富有生气。《龙丘山图》便是最好的例证，布局高远兼合深远，笔墨秀润而苍劲，结境雄奇而险仄。写真山真水而又寄兴抒情，这才是画家的真功夫。

龙丘山，亦称九峰山，位于龙游县城东三十里，历来是龙游县辖地。五代前龙游称龙丘，即以山命县名。东汉时有高士龙丘苌隐居于此，其事迹《汉书》有载。南朝徐瑶之和唐徐安贞在此结庐讲学。明成化八年析龙游设汤溪县，龙丘山归汤溪县辖。余绍宋画《龙丘山图》，或许有其难以排遣的心中纠结。此画一直随着余绍宋辗转十余年，在沐尘邻竹斋、云和大坪通志馆，先生都将其挂在客厅正壁，凡观者无不称赞。据说浙江省民政厅长阮毅成曾在此画前伫立良久，激赏不已。余绍宋与之戏谑："君若能使龙丘山归属吾龙游，即以此幅相赠。"此说或许可证明，先生对名山属他，县名失据而耿耿于怀。

《沐尘图》（见彩页）作于 1943 年春。沐尘是先生抗战时期的避难之所,从 1937 年 8 月至 1943 年上半年,共计五年多,先生大部分时间都在这里度过。这是个山清水秀的好地方,三面环山,风景宜人,民风淳朴,百姓善良,给先生留下了极佳的记忆。然而好景不长,1942 年浙赣战役打响前夕,一场危机向先生袭来,使先生经历了一场灾难。余绍宋早年留学日本,与近卫文麿(后任首相)是同学,加上先生当时社会影响力,他备受敌人注意。南京汪伪的魔爪伸向沐尘,特务们前来秘密绑架,想让先生去南京当汉奸。在乡亲们帮助掩护下,余绍宋在崎岖山路上连夜奔逃,受尽了磨难。事后先生有《自沐尘避难至遂昌石练纪事十二首》,详叙当时经历及精神折磨,其中一句"死亦何足惧? 所忧被挟持",可解读先生当时最为顾虑的就是被敌人挟持后,处于生不如死的境地。这首长诗附于图之后,称之为《沐尘图并书避难纪事诗十二首》,应是先生家乡山水画关门之作。另外,先生还画有《瀫波岩》《翠光岩》《鸡鸣岩》,惜未见。

2013 年是余绍宋先生诞辰 130 周年。今天我们重读先生七十多年前所画的家乡山水,除了服膺先生炉火纯青的艺术造诣,还深感先生的爱国爱乡之情。先生的画作传递的不仅仅是传统的中国画风格,更是民族精神的正能量。

录自 2013 年《衢州纵横》第六期。

高自标致　躬身力行

——余绍宋其人其学其艺

余久一

　　余绍宋，字越园，早年曾用樾园、粤来、觉庵、觉道人、映碧主人等号，四十六岁后更号寒柯，浙江龙游人。光绪九年（1883 年）十月初六生于衢州化龙巷，五岁识字，七岁入家塾，九岁从父授《尔雅》，读《说文》，后随衢州名儒王耀周从学七年，十六岁为诸生。光绪二十九年（1903 年）清政府废除科举制度，兴办新学，余绍宋被聘为龙游凤梧书院学长，是年二十一岁。二十四岁讲学江山中学堂（原文溪书院），与马叙伦共事，不久因"慈禧肖像案"，离开学校赴日本留学，先学铁道，希望以实业救国，后入东京法政大学研读法律。宣统二年（1910 年）回国，授予法律科举人，通过其表伯梁鼎芬的引荐，任外务部主事。辛亥革命爆发，余绍宋南归，被浙江公立法政专门学校聘为教务主任兼教习，与阮性存、许养颐、陈叔通、沈钧儒共事。民国二年赴北京，开始长达十六年的宦海生涯。先后任众议院秘书、司法部参事、两任次长、代理总长、高等文官惩戒委员会委员、修订法律馆顾问、国立美术专门学校校长（辞未就）、国立法政大学、国立师范大学教授、司法储才馆学长、故宫博物院维持会常务委员会委员等职。1926 年再任司法次长时，以拒签"金佛朗案"和辞官抗议"三一八惨案"为世人所称道。1928 年定居杭州，鬻书售画。抗战爆发，移居龙游沐尘村，以吟咏抒怀。1939 年任浙江省第一届临时参议会议员，1942 年被选为省第二届临时参议会副议长。1943 年任浙江省通志馆馆长，1947 年以"社会贤达"被选为龙游县"国大代表"。1949 年 6 月病逝于杭州寓所，浮厝净慈寺，三年后葬于杭州龙驹坞公墓。1966年墓碑被砸。1969年底，公墓改建为药物种植场，遗骸被作深埋处理。1950年初，余氏后人将其所遗藏书、碑帖一万三千余册悉数捐赠浙江省立图书馆。次年8月，被龙游县人民法庭判决为官僚反革命分子。1984年9月平反纠错，恢复名誉。

龙游余氏，实为巨族，乔木世家，数代书香，延绵不绝。高祖余可大（字宽夫），武庠生，弱冠能文，尤工草隶，画笔超迈，远师宋元，风致独绝，山水、人物、花鸟各擅其能，尤喜墨笔画鹰，极为生动，有《栖鹰图》《老子出关图》存世。余绍宋谓其"艺术之精妙，非乾嘉以来作家所能企及"。曾祖余恩镛（字镜波），道光十四年（1834年）举人，曾任广东连州知州，善书，精考订，富收藏。祖余福溥（字滋泉），官两广盐运使经历、江西知府，善画山水，尤喜画牛。伯父余士恺，善画花卉翎毛，粤中声名藉甚。父延秋，经籍掌故之学至精，所为词赋及古近体诗别有风格，曾任龙游凤梧书院山长。皆以书画见称。绍宋其名，为高祖所赐，取墨翟宋人之义，冀其克绍箕裘。在如此家风的熏陶下，耳濡目染，勤于临池，故其书少年时代即名扬乡里。现存最早的一副楹联为十七岁时所书，虽觉稚嫩，但结体峻拔，颇具碑意。晚清帖学式微，碑学勃兴，流风所被，余绍宋也不例外。余氏一生勤于读书，手不释卷，精研六法，留心小学，其《余庐日记》1917年1月至2月详记其排日读《说文段注》，二月十三日即记：

> 晨起翻阅《说文句读》《段氏注》等书，近来颇欲于小学稍用功夫，因此道现今鲜人研究，再阅一二十年将无人能识字，故欲涉猎大凡，为他年提倡张本。然余自十六七岁时读《说文》后，迄未暇温习，荒疏太久，偶一翻寻，殆如隔世。今兹立志补习，非定课程不可，因决定从句读及《段氏注》着手，随阅随手摘记，誓不中辍。

早期作书以欧阳询为底，参以北碑笔意，结体修长，端庄肃穆，冷峻清劲。又与卓君庸、罗复堪、林宰平共同研习章草，得力于索靖《月仪帖》，兼融晋人草法，参以今草，去其波磔而益以连属，结体简古严谨，刚柔相济，妍润朴茂，独树一帜。中年以后专注于帖，致力至勤，浸润于张旭、怀素、智永、孙过庭、李北海、赵孟頫诸家，兼收并蓄，融会贯通，尤以行草书为最精熟，刚健婀娜，圆转流利，解衣磅礴，笔无妄下，触手应心，游刃恢恢，一派书卷之气充溢字里行间。平日所作简牍、文稿、题跋、读书札记多以此类面目出之。至于日记,从十七岁开始,一生从未曾间断,今存《余庐日记》和《春晖堂日记》八十一卷,洋洋一百六十万言,几乎全出于行书。所记多为生活琐事、往来应酬、读书心得及宦海之沉浮、世局之升降,随意写来,意瞻辞雅,笔随心转,触机生发,行气流贯,真力弥漫,无丝毫懈怠之处。此劫余之日记手稿,是研究这一时期的社会变迁、政治事件、艺术活动、风土人情的重要文献,既多亲身经历,也有得之他人转述者,足与正史相印证。从中也可看到余绍宋在书法多方面的取法和演变,无疑正是研究余绍宋生平履历、艺术建树及其相关史实十分珍贵之第一手资料。

余绍宋书法当年在北京即有声于时,作品流布颇广。《春晖堂日记》十九卷 1926 年 10 月 29 日有记:

> 卢毅安来,谈及作书,谓曾闻许守白云:往见康长素(即康有为),盛称余书法之美,谓为北方第一人云。此可谓不虞之誉矣。日前在陈吉甫处晤罗节若,亦云数月前与其兄钧任同往见康时,康亦称我书法,谓北方能书者仅此一人。则卢说信也。余书素不为时人所喜,有卖出后复退还者,余不愠也,曲高则和寡,自昔然耳。前辈中称余书者,尚有袁珏生,曾闻余戟门、祝葆谦言之,则亦一知己也,并记之。

余氏习画迟在三十岁,1915 年余绍宋与司法部若干同事,邀请江南名画家汤定之先生作导师,组织画社,每周聚会一次,吟诗作画,谈艺论文,地位不分高低,来不迎,去不送,属于结社松散的定期雅集性质。因余绍宋在京寓所位于宣武门以南西砖胡同,聚会常在余家,因此名为"宣南画社",亦称乙卯(1915 年为乙卯)画社或余庐(余绍宋斋名)画集。陈师曾1913 年秋来京,最先参与的画会活动即"宣南画社"。其后贺履之、萧屋泉、郁曼陀、汪慎生、王梦白等也来参加,每次聚会最多时达二三十人。汤涤,字定之,号乐孙,亦号太平湖客、双芋道人,江苏武进人,出身于书画世家,其曾祖即清代著名画家汤贻汾。山水学李流芳,以气韵清幽见重于世。又擅画梅竹,尤长于松,用笔遒劲爽利。汤定之 1915 年到北京,除"宣南画社"之外,曾任教北京女子高等师范学堂、北京大学画法研究会等,是名重一时的画家。画会一周一聚,由社员轮流主席,在星期日雅集,汤定之先作画讲解，或山水，或花卉，众人环立旁观，画成即拈阄定归属。或社员携来习作，导师为点评甚至加墨修改，其活动模式，介于传统师徒传授与现代绘画教育方式之间。

宣南，泛指北京宣武门外，是近代北京文化中心。"宣南画会"是民初北京出现较早的画会，早于北京大学画法研究会（1918 年成立）、中国画研究会（1920 年成立）。1925 年"宣南画会"举办十年纪念会，有二十余人参加。余绍宋自 1913 年到北京，1927 年 10 月南归定居杭州，在北京居官十六年，"宣南画会"持续十二年之久。不过，余绍宋从汤定之习画十有余年，所作书画却看不出曾受汤定之影响，这与他广博的学养及个人性格有关。通画史，明画理，强调师心不蹈迹，其画溯四王而上，遥追大痴，远师石田，接明人之遗绪。余绍宋尝云：

> 画至明季而一变，香光以后，各竭所能，竞开生面，至清初而极盛。洎康熙中叶，始渐衰微，其后虽有数家振起，然已成强弩之末，而作画辄题仿宋元，其实皆不能越明季清初诸家蹊径。余尝谓宋元迹邈，明季清初诸家及见者较多，虽所作各有变化，而古意尚存。吾人但能学得当时诸人大略，已足名世，不必好高鹜远，谓必取法乎上，以自欺欺人也。

所作格高意古，沉厚绵密，笔墨氤氲，萧疏幽淡，显然深受乾、嘉金石学的蒙养，与陈师曾气息相近。汇集当时众多名流题跋的《梁格庄会葬图》长卷即作于此时，而《中国画学源流之概观》《龙游县志》《画法要录》初编等也为此时期重要著述。

1924 年，余绍宋开始订书画润格。同年，教育部任命他出长国立北京美术专科学校，力辞未赴任。1927 年，余绍宋又婉拒国立北京美术专门学校校长林风眠出任中国画科主任之请。由此可知，余绍宋在美术界已经获得广泛认同，确立了作为北京画坛领衔画家之一的地位。由于当时北京画坛多由南方画家主导，所以美术史论家万青力先生认为，余绍宋是民初美术史上南风北渐的重要人物，是二十世纪上半叶典型的南宗文人山水画重要代表。

1928 年秋，余绍宋南归后，筑室湖上，潜心艺事，往来多文人墨客、艺林巨擘,如黄宾虹、熊十力、马一浮、张大千、吴湖帆、邵裴子、经亨颐、王福庵、丁辅之、袁氏昆仲等等。友朋之乐,文酒之欢,兼以湖山徜徉,直欲终老此乡焉。于当年10月20日(农历重九前一日),与孙鹰才、高鱼占三昆仲、武曾保、叶为铭、范耀雯、凌励生、程仰坡、徐心庵等十人组织发起"东皋雅集",取"宣南画社"例,定每星期日下午聚会,月半则为宴集,会员每期携四尺十开自作一叶存社。多集于杭州城东之皋园(金衙庄),谈文论道,切磋技艺,观摩藏品,社人皆耆宿硕彦,可谓极一时之盛,历时十年而不衰,直至抗战军兴,社友云散才停止活动。此时余绍宋在书画领域已颇有成就,其间应聘主编《东南日报》特种副刊《金石书画》,为东方文化事业委员会撰写《续四库全书提要》子部艺术类提要,又续纂《画法要录》二编、重修《龙游高阶余氏家谱》等等。著述既丰,艺事日进,佳作迭出,影响益广,《秋晚轴》《归砚楼娱亲图卷》《罗浮纪游册》即为此时期之精品。

1937年日倭入寇,余氏携眷避居故乡沐尘,山河破碎,颠沛流离,遂"抚事感时,渐多吟咏",得《寒柯堂诗》六百篇,格老调苍,沉雄苍莽,淋漓悲壮,哀感动人,自成绝唱。既息影桑梓,"托故偷闲适,因人作胜游",故书画创作多属本地风景,《龙丘山图》《幽岩览胜》《豸屏纪游》《沐尘岁寒三友图》等,均系写实纪游之作,且皆为大幛巨帧,以自然为粉本,结境雄奇,笔墨酣畅,气势磅礴,举重若轻,写真山水而能寄兴抒情,得之传统,化于自然,既涵古法,复具己意,正是"师古人"与"师造化"的绝好印证,不失为晚年佳作。

余绍宋喜作木石松梅,尤善写竹,自谓平生书第一,竹次之。上追宋元文与可、李息斋、柯九思、梅道人,下参明清顾定之、夏仲昭、石涛诸家,汲其神髓,穷其变化,信手拈来,妙到毫巅。兼以避寇山中五六年,久居竹乡,于竹之形色情状了然于胸,老干新篁,风晴雨露,各具姿态,查查牙牙,苍苍凉凉,疑风可动,簌簌之声闻于纸上。1931年在中日绘画展览中,余氏的风、雨、雪、月墨竹四屏被日本皇太后重金购得,当年上海各大报及英文《大陆报》皆登载此事。东皋社友高鱼占称其笔下之竹"一笔不可加,一笔不可减",观其得意之作,洵非虚语。

余绍宋一生创作大量书画作品外,亦复勤于撰述,其中以《书画书录解题》最受学界推崇。明清以后的画学著作汗牛充栋,而余氏的《书画书录解题》则为近代书画批评史上一部不可多得之作,开书画类专门著录之先河，始创之功诚大，其博稽而殚思之精神令人钦敬。此书不仅收录繁富，更以其考证精当详尽、评论鞭辟入里著称，言必己出，绝不作蹈袭之语，是奠定余绍宋作为近代中国书画目录学鼻祖的扛鼎力作。其在《序例》中自言："余平昔读书，每一书竟，必撮要为之解题，岁月既多，积稿盈尺。"林志钧也说："越园平时读书无坚不破，精悍异于常人。及乎著述，则审慎谦抑，然若有所不足。"故《书画书录解题》一经问世，即为学术界所重视，甚至有"不读《书画书录解题》，不可以论中国书画艺术"之说。既开辟了书画文献著录新领域，也为书画题要目录之滥觞，沾溉艺林，影响至巨。

余绍宋学画之初就留心前贤画论著述，收藏宏富，"爱聚古今各家论书谈画的典籍"，有感于当时画学衰微已极，"而画籍之失于整理，使学者茫然不知所以从事"。其在致黄宾虹信中有"嘉道以后，作者尤觉浅薄，诚如尊论，笔墨尽失矣。近来画家肯读书者甚鲜，遂使高尚学术沦为手工技艺，良堪嗟叹。弟前所作《画法要录》及《书画书录解题》两书，正欲藉以拯其失"云云。"挽颓波而标正轨"，故而辑成《画法要录》初编二编，此书实为美术史上第一次用科学系统的方法梳理研究传统画籍之作，第一次将历代画论进行了科学的分类，一编在手，大体上可以了解中国绘画深邃的创作思想、丰富的技法流派和独特的审美趣味的发展演变，对科学研究中国传统的绘画方法有开辟之功，被学界推称为"中国画学开系统研究之始"，以为"古今言艺术方法之书，亦未有其比"。

1906 年余绍宋东渡日本留学，临行，龙游县地方"助束装费二百金"，这笔钱出自往年修志的余款，虽为数不多，但余绍宋却感动万分，"私念今日地方以此款赠行，他日报之者别无他道，盖至是而修志之意遂决矣"。1921 年龙游县设修志局，聘其为总纂，余欣然领命。检阅大量志书文献，将各家方志详加对比，择优用之，披沙沥金，搜残补阙，考辨错讹，旁征博引，条贯纲目，精严体例，一部一百几十万字的《龙游县志》几易其稿，耗时三四年方告成。所谓"三年中钉饳故纸，埋首残丛，几于人事都废。卜昼不足，继之以夜，辄至晓星入户，家人促寝，犹不能自休"。梁启超作序谓："越园之治学也，实事求是，无征不信，纯采科学家最严正之态度。剖析力极敏，组织力极强，故能驾驭其所得之正确资料，若金在炉，唯所铸焉。"余绍宋修志法源本于章学诚，但在体例、方法及观点上都已有很大的改进与发展。1925 年，《龙游县志》由北京京城印书局排印出版。甫一问世，即被许多学者誉为民国时期地方志的一大佳作。1942 年 5 月，浙江省文史资料征集委员会成立，受聘为浙江省通志馆馆长。在动荡的历史时期，余绍宋不畏艰难，以顽强毅力，经八年的努力，编纂完成了一百二十五册《浙江通志》初稿。时至今日，其纂修的《龙游县志》以及《浙江通志初稿》已经成为地方志中的经典之作。

余氏又精鉴赏，富收藏，每有所见必笔录之，以资赏鉴与记忆，藏家每以得其一跋为贵。一生过眼法书名画无数，其中不乏震耳炫目之剧迹，如赵千里《仙山旭日图》，董北苑《湖山烟雨图》，范宽《秋山萧寺图》，李龙眠《莲社图》，怀素《苦笋帖》，王摩诘、李思训、黄筌、李唐、李营丘、巨然之册叶，颜真卿《祭侄稿》，杜牧之《张好好诗卷》，马远《庄子像》，米元章《云山图》，苏东坡《洞庭春色赋》《中山松醪赋》两卷子，赵松雪《楷书道德经并画老子像》，大痴《天池石壁图》，倪云林《枯木竹石图》，黄鹤山樵《太白山图》等等，皆翰苑伟观，稀世秘玩。明清以降，董香光、沈石田、文徵明、唐六如、石涛、八大山人、四王恽吴、华新罗、金冬心无论焉。饱览纵观，且天资卓绝，宜其只眼独具、洞若观火矣。其自作书画，每有题识，也言必己出，语简意赅，如："萧疏简淡之致，非时人所喜，亦非时史所能为也。"又说："简而厚，融洽而分明，所难两全也。虽不能至，心向往之。"画扇题云："墨稀使厚，笔枯求苍，天真平淡，我师倪黄。"陈义既高，会心独往，萧然远引，隽永有味。

余绍宋尝以《归砚楼娱亲图卷》请黄晦闻题句，黄晦闻见引首马一浮题语中有"古来画人有此笔墨无此福报"之语，大不谓然，即谓："越园岂仅是画人耶？奈何如此侮辱！"一座皆惊叹，以为至言。"当代著述之才，可比越园者盖不一二见"。作为一流学者，余绍宋在近代美术史上的地位也比较独特，画名为画学成就所掩。毋庸讳言，他的学术成就的确高于书画成就。身为文人，对传统文化有着精深的认识和独特的理解，而对书卷气和文化品位的追寻和营构，其作品所表现出来的学养和境界尤足称道。但是，注重作品的内敛平和，不做过度的张扬恣肆，而对醇雅与文气的孜孜以求，也造成作品在表现力上的弱化和平白。就书法而言，较之同辈书家沙孟海、陆维钊，其书缺少个性化的审美精神和强烈的情感意兴；就绘画而言，较之黄宾虹、傅抱石，其画也缺少突出的个人风格面目和语言符号，这使他的绘画成就不能跻入顶尖画家的行列。然而，深厚的家学渊源和无与伦比的国学修养,使他的作品另有一番风韵,较之张大千或齐白石,无疑更具文人气质。五十年后,我们看他的画,仍然被画中散发出浓郁的书卷气所倾倒。而这,正是其作品魅力之所在,也是其一生知行合一、躬身力行,将自身的学术生命与传统文化融为一体,充分体现了文人的高自标致,这种重学养、重品位的文人化创作思想,对日益沉沦于大众化的当代艺坛,无疑是一剂清凉散。

录自《收藏家》2010 年第 9 期。

云散风流人往

——民国杭州东皋雅集漫谈

余久一

东皋雅集于 1928 年在杭州结社，成员甚众，活动频繁，历时十年之久。其时西泠印社已创设二十年，以屋宇被占，社员乔居外地，活动几乎停顿。故印社成员入东皋社颇多，如叶为铭、丁辅之、高时丰三昆仲、俞序文、陈伯衡、武曾保皆是。湖上高手，一时云集，颇有声色。东皋雅集原有启事、社约，虽未对外发布，然入社者自有门槛。余绍宋以为虽不立崖岸，也应设藩篱以限之。其致友人书中有云："弟自十七年（1928 年）来杭寓居，发起斯会，初不足八九人，其后从者达卅余人，尚欲有来入集而未肯即许者，非意料所及。"

同时又有经亨颐于民国十四、五年创寒之友社，虽多有闻人参与，然规模既小，组织松散，聚无定时，集无定处，由上海而南京而杭州。后亦欲仿西泠印社之制，在西子湖畔购地建屋，工程未及半，抗战军兴，杭垣陷没，事遂中辍。经亨颐避寇海上，越年忧愤疾作，旋卒。遗址荡为荒烟蔓草，邈不可寻。东皋雅集亦以抗战故，社友劳燕分飞，胜会烟消云散。而西泠印社因有固定社址，微茫一线，不绝如缕，如今又逢文化复兴，否极泰来，盛业重光。东皋雅集当时绝少有记载，翻检故籍，披沙沥金，所得无多。惟余绍宋为东皋祭酒，其日记时有记入，故拙文屡为引用。风雨沧桑，人去迹亡，多已寂寞无闻，知者益少。搜寻撷掇，仓促成文，见闻未广，不免遗漏谬误，博雅君子，当有以教我焉。

一

早在 1915 年,余绍宋即与司法部同事,邀江南名画家汤定之先生作导师,组织画会,一周一聚,由社员轮流主席,在星期日雅集,汤定之为作画讲解。因余绍宋在京寓所位于宣武门以南西砖胡同,聚会常在其家,因名余庐画集。以地处宣南,又名宣南画社,亦称乙卯(1915 年岁乙卯)画社。余氏在京居官十六年,画会持续十二年之久,是为民初北京创设较早、历时较长之画会。余绍宋 1927 年辞官,次年南归,暂居湖滨惠中旅馆,不久僦居名西医张星一别院(今庆春街孝女路口),庭中有两梧桐,取名"双桐书屋",开始其鬻艺生涯。经老友孙智敏(字廑才)及同学马叙伦(字夷初)、凌士钧(字砺深)介绍,与高时丰(字鱼占)昆仲相识,欲仿宣南画社,组织书画雅集,作同道聚叙交游之所,以为矫正流俗,振兴风雅,责无旁贷。

《余绍宋日记》一九二八年八月九日(1928 年 9 月 22 日)有记云:

> 早起赴凌宅(凌砺深)问疾,又赴心庵处约同往访孙廑才,旋同赴金衙巷浙江忠义祠相地址房舍,又往东皋别墅一游,因拟借其地为书画社,廑才、砺深昔曾言之,欲定名为东皋雅集,此意良是。吾浙本为文化之区,今日衰落一至于此,自非有以振兴不可也。

九月八日又有记云:

> 孙廑才为东皋雅集发起事约诸人愿与会者在其家谈话,三时半去,五时许散归。约者为高鱼占绎求欣木昆仲、武劼斋、叶铭三、范耀雯、程仰坡及砺深、心庵九人,余因略陈所以结社之故,聚议社约,于前所订者有所订补。余意前所作征社员启事亦不可发布,免外间多起误会,众以为然。并约定月聚餐一次,皆以月半为期。启事既不印行,其文当存于次,文曰:
>
> 杭城东隅有东皋别墅,明金尚书顺昌故居也。其旁忠义祠在焉,祠亦为其故居之一隅。清时严侍郎沆、章文简煦、严河督烺先后居之。花木深幽,风烟掩映,精室十数椽,入其中,邈然生尚友之想。或曰厉太鸿、杭大宗、丁龙泓诸先生东皋吟社旧址即在是云。嗟乎,人亡事

息，迹往名留，百年以来，风雅之道亦随世变而凌夷几尽，书画两端衰落尤甚。今日吾侪苟不所以矫正而振兴之，此责更将谁属乎？爰即祠址为社，结约如次。嘤鸣之求，敬俟贤哲。社约文繁不录。

九月十五日又记云：

> 今日东皋雅集第一次集会，到者高鱼占绎求两昆季、武劫斋、俞序文、叶品三、阮性山、都小番并心庵、虞才凡几十人。余与武劫斋、高鱼占合画两帧。议定此后每星期下午必聚会，每月十五日则宴集。上午九时去，下午四时散。

十月初七日有记云：

> 下午二时赴东皋雅集，是为第四次集社，新入社者有郑君遗孙，尚不知为何许人也。到者鱼占、劫斋、虞才、叙文、小番及余六人，参观者两人。劫斋持来戴文节扇面不劣，惜已失神。小番持来潘星斋《小舫延秋图》，为江山刘小卿作者，题跋颇可取。今日议定此后社员每期须带自作一叶，其纸以四尺纸十开为率，俾积久成巨册。

东皋雅集之地点，常设于金衙庄皋园，也即忠义祠旁。金衙庄旧址，位于今解放路与环城东路交界处，明福建巡抚金顺昌在此建别墅而得名。清顺治中，户部侍郎严沆购得其半，奉母养亲，用《韩诗外传》皋鱼之泣典，改名为皋园。有梧月楼、沧浪书屋、跨溪、小太湖、墨琴堂、绿雪轩、芙蓉城、怡云亭诸名目，太湖垂钓为东城八景之一。嘉庆道光年间，另一半归文渊阁大学士章煦，章氏子孙守此业达百年之久。后为六合县令舒晚山得之，改名舒园。旋即让于江南河道总督严烺，严死归颜姓。同治八年（1869 年），由吴晓帆、万簏轩、濮少霞、许缘仲醵资赎归，称四闲别墅。后均卖于官府，改为八旗会馆，建浙江忠义祠、采访局。祠侧余地，建前学政张文贞、前布政缪武壮二公祠及张文节公祠。同治末年又成洋务局、盐运使署驻所，民国初为浙省盐务局，解放后归省轻工业厅所有。1959 年解放路拓宽，向东延伸，建筑大半被拆。号称杭城第一私家花园，白云苍狗，迭经兴废，如今仅存园名及小太湖边四五株老树而已。

钟毓龙先生《说杭州》书中有附注一条,记六合县令舒元颢晚山事颇详,兼及东皋雅集,是为绝无仅有之记载,亟为录之:

> 皋园者,杭城中最有名之园。为明代某显宦遗业,奉其太夫人颐养而筑也。池沼亭榭,颇极宏丽,中有高楼,登之则钱江中之帆樯舟楫历历可数。清初归于严氏,后又归于金氏,修葺一新,历时最久,故其地即以金衙庄名。某年,金氏有客至,购面于面肆,有面保送面至,童子也。见园之宏丽,留恋不忍去,阍者呵之。童子愤然曰:"吾无福居此,观看亦不许耶? 吾他日不有此园,非丈夫也。"归则思所以偿此愿誓者,计无如读书,而苦无资,乃投身为宦家书僮。塾师为小主人讲授,则窃听而默记之。悉以其佣资购书,服役之外,即闭门读,有疑则质之塾师。师嘉其志,亦尽心教之。数年后竟入泮,又中秋闱,连捷成进士。榜下授六合县令,数任之后,满载而归。适金氏中落,欲宦游而无资,乃以数千金典之。又数年,金氏子殁于远方,家益窘,更以数千金找绝,而居然为其主人矣。距其立誓之时不过二十余年,其年犹未强仕也。此童子姓舒,可谓有志者事竟成矣。其志虽不高,然足为青年劝,故附及之。战乱之后,园已无主,遂为公有。近岁杭之名流设书画会于其中,名曰东皋雅集。而龙游余越园先生实主其坛坫。

东皋社除每星期日例会及每月半聚餐外,一年四季尚有其他名目繁多之雅集。如人日(正月初七)、白居易生日(正月廿)、花朝(二月十二)、上巳(三月初三)、竹醉日(五月十三)、荷花生日(六月廿四)、中秋节(八月十五)、社集周庆兼重阳(九月十五)、苏东坡生日(十二月十九)、社集百期等等。《余绍宋日记》己巳年(1929年)正月初七日有记云:

> 中午赴东皋雅集,今日为人日,明日之会特提早举行,为团拜故事。社友尽到,唯周佚生、陈众孚以生病未能至。新来社友二人,一王竹人、一包蝶仙也。聚餐毕,以六尺大帧合作岁朝杂卉,作者劼斋、心庵、小蕃、欣木、竹人、蝶仙、遗孙及余凡九人。欢谈至四时散归。

同年五月十三日有记云:

> 今日旧传为竹醉日,东皋社聚餐,十时冒雨往,下午三时散归,到者十四人,是为三十七集。以雨故,又在霉中,故社员俱未携画至,唯王芗泉出瞿大坤写竹,张子祥出张雪鸿写竹而已。

同年六月廿四日有记云:

> 今日为荷花生日,先祖生忌也。东皋聚餐会,到二十人,新增社友樊义人,年七十一矣。

庚午年(1930年)七月七日有记云:

> 今日东皋聚餐,是为第一百集,同人因约各携一二名迹展览,然佳者殊鲜。欣木出王鸣吉画梅,辅之出童二树山水,巽初出张月川天堂流泉图,项兰生出奚蒙泉仿大痴秋山卷,皆可观,余不足记。地点仍在意山园,取其与我相近。是日复添请十余客,食外国菜,觥筹交错,亦足称佳会也。

次年忠义祠为邮电检查处所占,社集乃借皋园盐警所之后楼,因社员俞彦文为所长也。余绍宋名之为延景楼并为题尚。延景者,"盐警"之谐音也。至于月半聚餐之会,则轮番假座于各社员家。余绍宋一九三一年十二月十九日记云:

> 东皋社聚餐于金衔庄延景楼,其地本为张公祠,今为盐警所,俞序文为所长,故借以聚餐。序文属题楼额,因以"延景"颜之。其书后跋云:杭州盐警所赁东皋别业余屋为之,有楼三楹,一望旷朗,有山林之趣。序文为长,时招同人觞咏其中,属为题额,因取古诗崇德爱景之意,以此两字颜之,亦以音同不能移置他处也。

二

杭州高氏昆仲为东皋雅集中坚,父辈雅好翰墨,皆善书而好收藏。家世渊源,高氏兄弟耳濡目染,眼界高旷,艺皆超诣,于诗文、书画、篆刻各有所长。余绍宋曾观马叙伦所藏杭人画扇,以为唯高氏数人所作不恶,因知世家到底不同。

高氏家族,为民国一门望族,数代经商,经营布匹茶叶,积资充裕,俗称高半城。坐拥杭城最大布店高义泰布庄和最大锡箔作坊高广泰锡器店。此外,尚有高仁大布庄、高元大绸厂、狮子峰茶庄,中山中路复裕、昌裕两钱庄,以及广布于临平、钱清、上泗、西兴之稻田棉田。今花港观鱼公园内牡丹亭一带,即是其祖高云麟别业红栎山庄,又称高庄,有藏山阁,光绪三十三年(1907年)建。凿池引泉,蓄鱼豢鹤,春山秋水,一览在目。晚清许昌言题一联云:"选胜到里湖,过苏堤第二桥,距花港不数步;系舟登小榭,有奇峰四五朵,又老树两三行。"园林之胜,冠诸湖上。除此之外,尚有准园、意山园等。1957年公私合营,高义泰改成茶食品店,平津桥附近原方正大茶庄改为上城区文化宫,及建西湖大道,皆夷为平地。

高鱼占为前清秀才,人呼高老大。工书擅绘,尤长画松,古拙有韵,世称高松。艺既高超,又精鉴别,复雄于资,收藏之富,称雄海内。每年寿苏雅集,实为东皋社最重大活动之一。苏东坡生于北宋景祐丙子三年(1036年)十二月十九日,而高鱼占亦生于丙子,或谓与东坡同生日,平生对东坡遗迹搜罗备致,不遗余力。东皋社友寿苏共九次,高氏主持七次,其中六次即在准园,最后一次在高氏意山园。

故每年寿苏即定在阴历十二月十九日,届时展挂与东坡相关之物,手迹、拓本、书画、印章、刻石造像等等。高鱼占家治点心夙称精细,因仿东坡之饮食嗜好,作玉糁汤、豆粥以佐餐。家人又擅制东坡肉,寿苏日每以相饷。接席诸子,相与朵颐大快。准园在今马市街,马夷初叙之甚详:

> 准园者,实清儒许周生先生之故宅,所谓鉴止水斋者也。流风未沫,堂构如前,双梧竿汉,累石疑丘,回栏遮迤,檐瀑成池,杂树缤陈,名花错设,百弓之地,遂专壑阜。自归高氏,主人雅胜,冲襟独抱,书画兼□,饰兹名迹,焕若新宠。其室则有辟言精舍,怡石书楹,桐花吟馆,双曇古序,各有吉金乐石,巨典名画,琳琅几簪之间,辉煌壁序之际。妩媚既增,清幽益致,娱心怿目,引秀钩芬。宜俊侣所乐归,诚雅会之胜处。

《余绍宋日记》一九二九年十二月十九日有记云:

> 今日为东坡生日,东皋同人约鱼占家聚餐,社员除砺深外咸集,鱼占复请客十余人,出所藏东坡画像不下百余幅,并治玉糁汤、豆粥佐餐,欢饮至午后三时始毕,复纵谈至四时始归。

梅庵郑遗孙为社中长者,作山水细密工致,高鱼占即求其作准园寿苏图,马夷初作记云:

> 主人生于苏子同其岁次,尝求苏子遗像,自南薰殿本以次,凡摹拓诸本及名家创作,盖百以数,是日毕陈。至其墨迹亦备罗致,匦篋之实,咸仿所嗜。自昔寿苏觞咏,载记烂然,今之视昔,未知何如。夫孔子以道为学者所尊,俎豆万世,而其生日,昔无致礼,近始行于学校,而为礼至肃,尊而不亲,故具文而已。苏子既以文艺风节奔走当世,千岁之遥,复令人爱慕不舍,无所戒约而于其生日觞而寿之。诗曰:高山仰止,景行行止。其诚至倾伏,庶其至矣。若其宴乐流连,倾怀写曲,虽似失于未尊,然视学校之所以致礼于孔子之生日者,盖尤致感而兴起者多也。是日雅集同人,到者龙游余越园绍宋,衢县徐心盦瑞徵,绍兴陈众孚允,诸暨陈叔辛诜,海宁都筱蕃俞、许伯道铎,余杭俞彦文人蔚、序文人萃,湘潭袁巽初思永、袁潜修思古,杭县武劼斋曾保、范俶文耀雯、叶品三为铭、项兰生藻馨、王艻泉锡荣、邵裴子长光、程仰坡学銮、郑梅庵遗孙、胡穆卿希、阮性山、高存道时丰、高野侯时显、高络园时敷、马夷初叙伦,都二十四人。存道者,准园主人也。是日主人复召客十有四人,金华王孚川,江苏戴鹤皋、刘云叔、陈伯衡,绍兴王竹人,杭县朱畅甫、孙少川、杨见心、许季明、钟郁云及主人之弟怡益、从弟孟徵、从子颖晖、子种皋实参是会,宜并见书。越十五日,主人属郑梅庵为图,马夷初为记而书之。

一九三二年又在准园寿苏,是日大雪不止,然同人不为阻,到会有二十人。饮毕登小楼看雪,楼甚高,足览全城之胜。素裹银装,一望旷朗,如置身广寒宫。社友纵谈畅论，凭栏舒啸，兴尽而归。

雅集之后，高鱼占又嘱余绍宋作准园寿苏第二图，以为托其意以寄遐想，存其迹以为异日兴感之由。引首为高野侯题。卷前有鱼占短跋曰：

> 壬申（1932 年）十二月十九日，东皋同人仍约餐叙于准园为坡公寿，寒柯为余绘寿苏第二图，盖距己巳（1929 年）郑梅庵制图时已阅三稔。追念故交，顿成陈迹；流连胜日，宜伸雅怀。梅庵前图苦心经营，萃园林之趣；寒柯此卷笔墨超隽，兼有文沈之长，惜不能使梅庵见之，相与欣赏。己巳之集，曾属马夷初为之记矣，今则当乞寒柯写记于后，更丏同社诸公诗以张之。克敦古处，清樽接东轩之吟；永缔寒盟，玉笛展南飞之曲。吾知苏长公当掀髯而笑曰：准园得此，又增一段韵事也。借纪岁时，书以志幸。

余绍宋既为之图，又为之记。记云：

> 东皋雅集同人，每岁十二月九日，必集会为坡公寿，集必于高氏之准园，已有年矣。距今三年前，园主人存道先生，曾属郑君遗孙为图，马君夷初记之。图极精细，遗孙历半月乃成。持以视余，自谓惬意，约与同作，余心许之，未敢即承也。人事难量，遗孙忽下世。今年例会，同人展读遗卷，相与太息。存道因属余为第二图，乃尽一日之力成之。珠玉在前，欲别求蹊径，遂涉荒率，姑以践宿诺而已，不足存也。遗孙之图，规矩准绳，与园中真景，仿佛相类，深合制作楷模。余则仅得其大意，又成之甚速，故弗如也。顾余之不愿苟同，亦自有说。吾人今日之为斯图，所谓欣于所遇，暂得于己，但托其意以寄遐想，存其迹以为异日兴感之由耳。初非如古昔图象之必藉以为劝惩，亦非有甚功业将欲托之以不朽也。若是，奚必拘拘于形象？况此短缣尺素间，欲即其形象而确肖之，亦必不可得，则求所以发思古之幽情，撼怀旧之蓄念者，当别有所在矣。古人制图，远者其迹已淹，不可得见。若元明以来所为记事之作，则多偏尚笔墨气韵，非唯不局于形象，且有离其景而悬拟为之者。此非好奇，亦非幻想。文艺之为事，固有刻画求真而去之逾远，离其形而反得似者。亦有情事至平淡，而赖笔墨之精灵，以通其神

妙者。其理至精至微,难以言表。诗文如此,画何独不然?盖非是则无以寄吾人之微尚,永吾人之寻味也。不则与世俗说部所为之故事画奚以异?与现时画匠之掠取西法以图实物者奚以异?此其意吾知之。往与存道言,亦深然之。所恨笔墨粗疏,既不能如遗孙之循格范,又不能副此意以塞存道之望耳。图既成,存道复命为续记。念寿苏之意,已尽于夷初之文,无庸增踵,因序夙昔与存道所论者著于篇。唯前记社友中遗孙物故而外,杭州孙厘才智敏、石门凌砺深士钧,皆先在社。当日一以事他适,一以疾,未得与,故记中未详。其宾客中之金华王孚川廷扬、丹徒刘云叔锦仁、淮阴陈伯衡锡钧,已先后入社。新增者得七人:杭州丁鹤庐辅之,武井藩曾保,徐曙岑行恭,绍兴孙俶仁世伟,黄岩王松渠念劬,闽县张又菜准,嘉兴沈蔚文炳儒也。于例宜补书之。壬申东坡生日,龙游余绍宋记于准园辟言精舍。

郑遗孙寿苏图今已无从寻觅,不知尚在人间否。余绍宋寿苏第二图,浅绛淡色,水墨苍劲。湖石累落,嵌漏镂空,一水萦回,空阔无波。粉墙逶迤,屋庐精洁,古木葱郁,同人三五成群,联袂来兹,谈笑欢洽,跃然纸上。虽自谦成之太速,遂涉荒率。然所谓离形得似,能赖笔墨之精灵以通其神妙者,诚为寒柯主人用心之作。收录于《余绍宋书画集》(中国美术学院出版社2007年版),今为私人所藏。经八十余载风雨,鬼神呵护,历劫犹存,弥足珍贵。

徐行更有《准园寿苏第三图》,作于1934年。徐行,字沧一,工山水,长于设色,擅用青绿。年未三十,头角崭露。余绍宋闻其名,即致函商榷画法,复登门邀之入社。刘仲彝词云"记卅四人中,君年最少",是为东皋雅集中年龄最小之社友。

披图展卷,峰合如环,湖圆似镜,山尖塔影皆出没于苍烟翠霭中,岚气湖光近接几席。瓶花炉鼎,雅座香茗,东皋社友挥麈论艺,清言霏玉,意致闲远,似与尘境相隔,至称乐事也。施以细笔柔毫,繁点密树,笔墨氤氲,设色雅训,信称佳作。俞彦文有诗谓"高会年年记寿苏,丹青已见第三图",即咏此卷也。引首余绍宋题,后跋有陈诜作《准园寿苏第三图记》,字作章草,春蚓秋蛇,崎岖怪诞;文亦佶倔聱牙,艰涩生僻,殊不易辨读。其文曰:

园主人存道与东坡同丙子年生。先是东皋月有醵集,集无定所,唯每岁嘉平月之十有九日,常集准园为东坡寿,亦以寿存道。始寿苏自己巳(1929年)岁郑梅庵制图,马夷初为记,越壬申(1932年),余越园复图而记之。今兹甲戌(1934年),东皋第三百三十有五集,徐沧一又为寿苏第三图。于是,距东坡之生,甲子十有五周矣。其明年存道亦周甲初度。诗曰:三寿作朋。易曰:朋盍簪。群贤萃临,觥筹交错,宾主欢娱,式燕以衎。同人来者,以王孚川年六十有九,齿位最尊,推为祭酒。叶品三六十八,项兰生六十二,俞彦文、顾鼎梅各六十,高存道五十九,袁巽初、陈众孚各五十八,高野侯五十七,陈伯衡、徐心庵、程仰坡各五十五,陈叔辛、刘仲彞各五十四,余越园、袁潜修各五十二,邵裴子五十一,胡穆卿五十,阮性山四十四,俞序文三十八。其因事或宦游未至者,武劼斋六十七,王芗泉六十三,武井樊、沈蔚文各五十九,王醒蘧、都小蕃各五十八,刘云叔、丁鹤庐各五十六,孙屺才五十四,凌砺深五十三,孙叔仁五十二,马夷初五十,高弋虬四十九,徐沧一二十九。合社友三十四人,得年千八百七十有四,视长公生日,逮今九百年者,且逾倍焉。来宾杨见心、童心闇、朱邕甫、王式园、赵赓扬、胡佑卿、寿毅成、王竹人、菊人、杰人昆季,师师济济,集于一堂,甚盛事也。图竟,存道更以记属予。予唯原寿苏□旨而旁之准园林泉之胜,文物之美,夷初已详言之。论为图之法,意趣不滞于形象,越园更推阐无遗,予之不文,其又奚赘?寿苏之事旧矣。姑以寿诠而寿之非寿,亦无定说。语大,而大地之广渺如一星;语小,而一粟之微化生万物。自其久者言之,蟪蛄蜉蝣,各有千秋。自其暂者言之,则度万千劫如弹指也。人生无逾百年,百年不过刹那,于百年刹那之顷,为快意至情之举。吉日良辰,命俦啸侣,或清谈以霏屑,或尊酒以论文;思风扇乎胸臆,言泉溢于唇吻。谑浪肆志,则形骸顿忘;文雅缘心,斯泉石并韵。如此日之雅集者,亦足以开涤襟怀,流连眷念者乎?夫人至中年,辄感哀乐,生逢乱世,□益忧伤。赖书画之探讨,当丝竹之陶写,无万年不倾之国,无百龄不逝之身。兴废存亡,递嬗变换,时移境迁,使人不复挂忆,惟托诸文字艺术者,足以垂诸不朽。金石保其坚贞,山河亘其悠久。东坡往矣,至今香熏丝绣,称道勿衰,获其残楮零缣,珍同拱璧。瞻像仿佛,陟降如临,岂非以其为文章伯耶?庄子曰:千百载而一遇大

圣，犹思莫遇之也。历数其终，精灵不死。后之视今，犹今之视昔。寿
苏三集，嘤鸣攸求，虽一时雅兴，所寄既著诸绘事，载赓诗歌，更数百
年后，读是图者，傥亦怀古撰思，低回向往之。癸丑兰亭之一会，壬戌
赤壁之重游，侈为胜事，同其千古，则今日东皋之流以寿东坡者，乃即
东坡所以寿东皋耳。

卷后有陈阃题四绝句，俞人萃题一七律。1939 年陈诜又题七律二首，至
1950 年，刘仲夷题《木兰花慢》一首。

1936 年，东坡满九百岁，又逢丙子。十二月十九日，东皋雅集同人循
例为东坡寿，地点在高氏意山园，请客多至四席，可谓盛会，是为寿苏最末
一集。余绍宋所编《东南日报》副刊《金石书画》第十三期、四十九期皆为寿
苏专号。十三期录入有南薰殿本东坡像、东坡墨迹（袁潜修藏）、吴江史氏
刻天际乌云帖、东坡铜印、东坡澄泥砚、宋芝山为翁覃溪画东坡偃松屏图、
平山堂藏宋刻东坡像残石拓本。四十九期载有王文诰题东坡先生真像、东
坡书李太白诗卷（此卷为东坡烜赫有名之迹，久藏粤中，闻当时被日人以
两万元购去）、旧拓东坡真相院施金建塔手帖、旧拓东坡寓居定惠院月夜
偶出诗稿。东坡原迹流传已稀，即此所刊搜集已属不易。又有旧拓东坡书
齐州舍利塔铭，此拓本卷后有金代五名士题跋，余绍宋编辑余谈云："跋语
俱甚精当，书法尤妙绝一时。金人墨迹，世本鲜传，而此卷竟有其五，洵堪
宝贵。本拟全行印出，以限于篇幅，只得留待明岁寿苏时补刊。特先叙其梗
概，览者跂望之可也。"然不旋踵即倭寇入侵，杭州沦陷，社员仓惶出奔，各
分东西，顾命靡遑，风流顿歇。

三

东皋结社持续时间长，影响至广，远及日本。1931 年 1 月 20 日，东京
美术学校校长正木直彦、画家渡边晨亩来杭征集元明清名画展览会出品，
随来者有正木之子笃三，翻译则是上海翰墨林书店老板饭岛政男，以及汪
亚尘、余雪扬。王荠泉出文徵明《六君子图》、八大山人双鸟图、蓝田叔仿张
僧繇王右丞山水双幅、王九龙恽南田山水六幅及盛茂烨山水长卷；高氏昆
仲出王元章沈石田两梅花卷、陈白阳梅花竹石、周服卿白梅、王翀八仙、曾
波臣《送梅图》、李上达山水五幅；武劼斋出钱选花卉轴、边寿民芦雁册；余

绍宋出王绂、谢时臣、张宏、黄道周四件,一并展览,均精审之品,诸日人均极赞叹。东皋社友藏品之富于此可见一斑。

《余绍宋日记》中所记东皋社友逸事颇多。记东皋第五集有云:

> 都小蕃携示名人便面十二叶无甚精采,武劼斋携个道人花卉册子甚佳,阮性山携奚铁生字帧寻常。即席武劼斋画荷画大幅,殊可惊怕。武曾保工八分书,擅粗笔设色花卉,以草书入画,类吴缶庐,或有以为其学吴者,则深以为辱。其画出陈白阳,蕴藉醇厚而有逸趣。若吴者,执画坛牛耳,染海上风习,虽画笔雄浑,一味霸悍,而拙于造型,长轴窄条,千篇一律。复征酬逐酢,疲于应付,捉刀代笔,不一而足。耳食者震其名,如痴如醉,至今犹趋之若鹜,实毋足怪焉。老焦山人清介自守,淡泊无营,其声名之不彰亦宜矣。吴缶庐题劼画册有云:武侯下笔铁铮铮,金石渊源古性情。又有:花如铁铸墨如飞云云。似亦颇致倾倒,然文人狡狯,恐不足信。

一九三二年九月十三日记:

> 至砺深处看新购方正学(即方孝儒)联,不免一骇。明初乃有对联,难怪有宋版康熙字典矣。

同年十月一日又记:

> 夜砺深复来,谓仲夷以伪画相欺,甚愤愤。此亦古董家习气,实不足怪,但不宜施之砺深耳。

凌砺深为桐乡崇德人,余绍宋留日同学,方学画未久,根基既浅,眼力不济,为人所蒙,亦是常事。刘仲夷即刘光甸,收藏颇富,时为古董商,当是江湖老手,凌砺深自然不免入其彀中。然刘仲夷呼余绍宋为越师,自称门下士。两者既是东皋同人,而凌砺深似乎屡堕其术中,刘仲夷实不宜施此伎俩。

一九三三年五月十五日：

> 鱼占约王竹人来治颜料，余所藏石青、石绿莫审真伪，竹人来，遂为分辨且为研漂。饭后原约来漂石绿，而竹人欲如厕，必须赴其子所设之汽车料行，在吴山路者。谓转瞬可来，诓余与鱼占剧谈五小时之久尚不见至，命仆往侦之，则发疾矣。盖今日气候至热，此公便后即睡，睡过久，而店屋又逼促，遂至中暑也。

同月二十七日：

> （与廑才）同访高欣木，因昨为黄石安画扇印章倒盖，昔闻欣木能去之，遂持去。观其术，无他，以头垢少许置印处，用毛边纸揩之即无踪迹矣。此法未见记载，正不知何人发明也。

一九三七年五月十六日：

> 今日在东皋社集后曾赴民众教育馆看夷初之书法展览，观者寥寥，售出之件不过三数。夷初且自行在场招待，殊失身份。余生平最不喜开所谓个人展览，以其失品格也，昔曾有文专论之。故凡此种会皆不往观，今日特以夷初故一破例耳。

马夷初为余绍宋留日同学，亦东皋社友。余绍宋一生未曾举办个人书画展览，并言曾有专文论之，惜未见其文。

东皋社友诗酒往还，朋簪乐聚，论艺谈文，道义相契。郑遗孙病逝，境况凄凉，余绍宋为任后事，捐画集资，抚其遗孤。一九三一年十二月六日记：

> 遗孙于前四日作古，社中失一能手，而身后极萧条，言之酸鼻。因同任公祭事及遗族抚养事，余愿为画二十帧、书十帧赠之。

一九三二年二月四日：

清检箧笥，得去冬为郑遗孙生日画竹一幅，尚未持去而遗孙已逝。因题云：去冬遗孙生日，属以松竹双幅为赠，竹甫写成而疾作，未及写松，追余疾愈而遗孙已作古人，此幅尚留余所。宿诺未践，宿草已生，言念久要，曷胜悽咽。因志数语付其遗孤藏之，以笃世好。

一九三三年三月三十一日：

画竹扇四页，皆送与遗孙追悼展览会者。

四

东皋雅集自抗战爆发后，时局动荡，社员星散。至一九四五年日寇投降，家园残破，文物沦丧，哀鸿遍地，满目疮痍。既而外患方平，内战旋起，救死不暇，遑论其余。其后又革故鼎新，人人自危，画道衰微，风雅都尽。

己卯（1939 年）元旦，陈诜又题《准园寿苏第三图》七律二首，诗后有跋云：

癸酉（1933 年）嘉平，准园东皋雅集寿苏三图余既为之序，不数年杭乱，社友奔走星散，流寓沪滨者十之八九。戊寅（1938 年）腊月十九，东坡生日，假座沪西康脑脱路徐宅宴集，杯盘罗陈，无限美膳，之会者二十有七人，板荡余生，有感而赋，录似存道年兄先生教政。

陈诜所记戊寅岁在上海寿苏，东皋社友避乱于此者十之八九，与会廿七人，惜未载名氏，无从考证。十二年之后，已是 1950 年，刘仲夷又在卷后题《木兰花慢》一阕，清词丽句，顽艳动人。其词曰：

展寿苏图轴，第三卷，接余公。写园外风光，湖山静穆，竹树葱茏。玲珑，数行台榭，染丹青何意更求工。保俶如椎塔影，峰头突兀撑空。　　□□皋东，岁岁寿坡翁，花径一支筇。记卅四人中，君年最少，丘壑罗胸。霜蓬既飞难合，问酒尊桦肉与谁同。犹有准园残客，披图细认泥鸿。

高鱼占于抗战中杭城屋庐被毁，晚年居沪渎，入上海文史馆。至1954年，高氏时已七十有九，垂垂老矣，东皋社友大半离世，追念前尘，感怀陈迹，乃作《东皋寻梦楼图》小卷。图作小青绿，风日晴美，坡坨宛娈，松梧耸翠，远山微抹，隔水相映。有小楼长廊，文几书卷，辉映屏壁。朋辈数人聚首窗下，剧谈方酣，红桥一曲，来者姗姗，正是东皋社友雅集时也。卷前冠以越园诗翰、络园写竹，后殿以野侯墨梅。卷后鱼占有长跋，低徊掩抑，缠绵悱恻，情见乎词。文曰：

> 曩偶念东皋社友，今存者不过十人，独坐无俚，弥增感慨。不意夜梦若偕野侯、络园携手同游，忽觉松杉盈径，竹篱一曲，迤逦过小桥，流水绕前，高梧三株，葱郁可爱，芭蕉数十本。有轩临水，轩后临丛竹，山石玲珑。越园、劫斋、巽初、彦文昆季、蔚文、仰坡、厪才、伯衡都凡十八九人，凭轩谈笑，余亦欣然入座。越园谓余曰：劫隙相逢，亦世外桃园也。相与喟然，一叹而醒。回忆梦中所见，大半皆作陈人，野侯弃世亦三载于兹。因以东皋寻梦名吾楼，戏为之图，并乞社友诗词书画逸品仅存者成长卷。越园为东皋提倡领袖，惜早归道山。辟地上江时，吟啸遣怀，寒柯堂诗裒然成集，寄示之作尤多长笺短幅。唯此纸与卷尺度相合，用冠其端，并以野侯画梅小册附存图尾，亦聊结梦中之缘耶。又以络园写竹一帧为社友仅存之品，导以先路。后之览者，幸勿嗤其妄也。

所谓往事如烟，浮生若梦，胜事不再，寂寞无聊，能不为之咨嗟慨叹哉？

四十年后，东皋社友凋零殆尽。徐行恭入社之时年当英妙，至1979年，寿衍耄耋，硕果仅存。自谓"流辈向尽，今唯予一人偷生视息，能毋感慨系之耶"。人事变迁，沧桑增感，回想延伫，恍如隔世。按拍倚声，填《如梦令·怀东皋雅集》一阕以寄意。词云：

> 台榭亭泉竞爽，画帧诗囊飞响。裙屐漫相联，收得沧波珊网。凝想，凝想，云散风流人往。

录自《收藏家》2015年第12期。

方志学家余绍宋

鄢卫建

余绍宋(1883—1949年),字越园,别署寒柯,浙江龙游人,是民国时期著名的学者,在书画创作、书画理论、目录学和方志学诸领域皆有独到的建树,他主修的《龙游县志》《重修浙江通志稿》在我国方志学界有着重要地位。2003年,余绍宋以方志学家、书画理论家被列为浙江省百名历史文化名人之一。

少年立志,感恩图报,修志缘于桑梓情。

余绍宋能成为著名方志学家,这与他从小的志向及热爱家乡的感情是分不开的。余绍宋的家乡龙游县有两千多年的建县历史,文化源远流长。春秋时龙游被称为"越之西鄙姑蔑地",秦汉时为太末县,唐称龙丘,五代吴越时改称龙游。汉代有以志行和学问著世的龙丘苌,南齐徐伯珍、唐时徐安贞皆一时名士。宋代有状元刘章,南渡名宰余端礼、学者夏僎,元代有天文学家赵友钦……历朝历代名人辈出。县内山川秀丽,民风淳朴,物产丰饶。余绍宋祖先原籍安徽休宁,迁龙游一世祖余旦,宋咸平年间任衢州教授,始居龙游城郊柳村,南宋时左丞相余端礼是其后裔。逮及明代,余氏居城西北后高山七果园,名为"高阶余氏",明清两朝名人迭出,旧志科举表中诸多余姓者,大多出自一门,是邑之望族。直到清咸同年间因所居毁于战火,才由其曾祖父余恩镳迁居府城衢州。

余绍宋生在衢州,5岁开始识字,7岁入家塾读书。曾祖父深爱之,除日常督其功课,还常给他讲古代贤童故事。这些故事大多出自家乡龙游,如"饶州之罗鸡得金""忠肃之化龙枕鼓"，这使得年幼的余绍宋对故乡龙游十分向往。13 岁时，随父居龙游凤梧书院读书。时常听父亲与人谈及志乘年久失修，深恐文献散失，屡欲修而不成。他向父亲询问才知道"方志为一县宝书，功侔国史"（民国《龙游县志·前志源流及修志始末》）。虽年少领悟不深，但对他后来致力于方志学的研究，无疑起了很大的作用。

他 16 岁为诸生，又 3 年食廪饩。并专心于经世之学，涉览群书，尤喜研究史学。当他读到章学诚《文史通义》一书，"始恍然方志为史之要册"（民国《龙游县志·前志源流及修志始末》），于是取康熙《龙游县志》细读，发现有许多不足之处。这时他对方志学有了进一步的认识，而且增加了对方志学研究的兴趣，并接受了章学诚方志学观点，为后来主修龙游县志做了理论上的准备。

1903 年，清政府宣布废除科举制。龙游县开设新学堂，聘余绍宋为学长。这一年他 21 岁，已攻读了大量的经史学书籍，逐步掌握了治学方法，又熟悉了不少地方掌故，并有了广泛的社会交往能力，结识了当地许多学者。又因展谒先茔得以周览家乡的山川景物，加深了桑梓之情。他时常听当时任学堂总理的叔父余与九，与人议及修志事，终因人才物力两缺而未能举事。但余绍宋暗自铭之于怀，更加发愤读书。遇书中有涉及县事，就一一笔录，积久盈寸，再与旧志考订校对，发现康熙《龙游县志》确有不少谬误之处，遂成《旧志订讹》一篇。这是他方志学方面的最早著作。

1905 年绍宋东渡日本留学，临行龙游县地方"助束装费二百金"。这笔钱出自往年修志的余款，虽为数不多，但余绍宋却感动万分，"私念今日地方以此款赠行，他日所以报之者别无他道，盖至是而修志之意遂决矣"（民国《龙游县志·前志源流及修志始末》）。

1910 年，余绍宋从日本学成回国，先后在清政府和北洋政府部门任职，职务升到了司法部次长、代总长。虽有为家乡修志之心，却因政务繁忙无暇顾及。

阅五十载，七修未成，天降大任于斯人。

龙游县虽历史悠久，自宋朝以来也多次修过志书，但遗存的《龙游县志》只有两部，一是明万历壬子《龙游县志》，一是清康熙癸丑《龙游县志》。从清康熙癸丑年（1673 年）至 1924 年，龙游县志断修已整整 251 年。

这期间也有许多乡贤及地方官前后七次提及修志。但囿于各种原因,都未成功。

第一次续修是清乾隆六年(1741年),由知县徐起岩主持,属续编之举,仅在康熙志内容基础上增加了《官师》《选举》《艺文》,但未续修全志。第二次是清道光年间,知县周敦培议修,做了一些编纂准备工作,并拟增《兵防》内容。可是周在任未久即离,此次修志只好作罢。而当时的编写遗稿则毁于咸同时期兵燹。第三次是在同治初,知县朱朴、教谕褚荣槐议及修志,并提议于《田赋》中补上"户口""田额""粮税"各条等。然此次修志也是虎头蛇尾,中途夭折。第四次议修的是余绍宋的曾祖父余恩锇。当时龙游县在咸同年间遭受兵祸至剧,闾里为墟,文献丧失殆尽。此时解组归家的余恩锇从某乡绅手中借读了历经劫波弥足珍贵的康熙《龙游县志》,于是慨然有修志之愿。然他向知县倡议时,却未能被重视。为抢救孤本,余恩锇自己出资重印了康熙《龙游县志》,并补上了徐起岩《官师》《选举》《艺文》三篇。重刊本分别有衢州知府刘国光和余恩锇作的序,这一年是清光绪八年(1882年)。第五次议修于清光绪二十年(1894年),知县张炤聘请时在衢州正谊书院的慈溪人冯一梅先生主修,当时采访所得颇多,大小凡70篇,另有图24幅,但未经纂辑。不过这部分资料后来进了余绍宋民国《龙游县志》,即所注的"旧采访"部分。第六次议修是在光绪二十六年(1900年),知县杨葆光见冯一梅所遗采访册,惜其中辍,遂议设局续修,聘请凤梧书院山长叶元祺主局事,祝康祺副之。但这一年先后发生了江山刘家福领导的农民起义及震惊中外的"衢州教案",波及龙游。事平后杨葆光去职,修志之事遂中止。第七次议修是民国八年(1919年)。当时浙江通志局急催各县进呈采访稿,而龙游县旧采访册及地图已于辛亥革命时遗失,不得已重新采访。时间仅一年。因时间太匆促,所采资料多舛误错出,能供采用的不到十分之一。在后来的民国《龙游县志》中,这部分资料被称作"续采访"。

由此可见,251年时间不算短,其间亦有不少地方官及有识之士倡议修志,但始终未能成功,修志可谓难矣!也因此,重修一部《龙游县志》的任务,历史性地落到了余绍宋肩上。

呕心沥血，四年成书，任公感叹毋独传。

1921年，余绍宋因母亲六十大寿，于11月回衢州为母做寿。龙游地方乡绅张诵先、吴际元、劳锦荣、汪宜锌、徐士杰、陈昌炽、劳锡蕃、朱佩华来府城为其母贺寿。当时龙游县又提议修志，这已是第八次了。酒席上，众乡绅向余绍宋谈起此事，并要求余绍宋担当此任。余绍宋颇感为难，为家乡修志是自己多年的心愿，但此时自己要职在身，应允下来恐无暇顾及，深感为难。当他将此事告诉母亲时，其母以"汝其忘先人之志乎"相问，促使余绍宋终于下了为家乡修志的决心。

1922年，龙游县设立志局，余绍宋任总纂，县人祝康祺为副纂。余绍宋身居北京，局务由祝康祺负责。祝康祺（1854—1926年），字劼庵，光绪十一年拔贡，曾任河南密县、新野、温县、孟津知县。两人皆主张县志重修，不事续编。余绍宋拟定采访提纲，志局于城乡各聘专职采访员一两名，名誉采访员一百名，要求采访员按提纲进行采访，所得资料由祝康祺汇总，寄往北京，余绍宋专事编纂。在编纂过程中，余绍宋翻阅了大量史籍，尤其是民国前的方志（其中自己购买的有三五百种），他仔细评点各志得失，择其长处，书中凡涉龙游之事，一一摘录，作为所编县志补充。同一事或人，有不同说法，则反复查阅其他书籍以避孤证。每收到新采访稿，余绍宋读后则通过书信，与祝康祺交换意见，对采访资料提出质疑，要求对某事某物再调查，再考证。如他对盈川人祭祀杨令公就提出"杨令公是否即杨炯？考新旧唐书，炯本传于炯多诋……窃意杨令公如果是杨炯，则必有功德于民，不然其祀不能绵历千载也"（与祝康祺书）。并希望最好能找到有关碑记。三年中如此书信往来近三百封。一部百二十万字的宏著，由一人编写、撰辑、校对，可谓历尽艰辛。在那几年，余绍宋居住的北京西砖胡同五号院子的房屋里，常常是灯火通明。用余绍宋自己的话来说是"三年中钉饾故纸，埋首丛残，几于人事都废，卜昼不足，继之以夜，辄至晓星入户，家人促寝，犹不能自休"（民国《龙游县志·前志源流及修志始末》）。

1924年，《龙游县志》由北京京城印书局刊印出版，全志四十卷，首末各一卷。分前录、正志、附志、后录四部分，内容时间下限清末。其卷首为叙例，载余绍宋修志的立场、观点、方法、原则。卷一至二十三为正志。其中通纪，叙周代至清代二千余年的主要事项；地理考，载沿革、疆里、山川、风俗四项内容；氏族考，记龙游县主要的家族，分来源、迁入时间、分布地区、家谱的纂修状况等；建置考，叙城池、廨舍、学校、邮传、津梁、祠祀六类；食货考，有户口、田赋、水利、仓储、物产五项；艺文考收载著述类书籍二百十三种；都图表，将村落的归属、地名、距县城的里数、交通位置、居民状况采用表格的形式加以记载；职官表，分为县官、学官、庶官、武官四类；选举表，分正表、附表，正表载荐辟与科举出身者，其余收入附表；传有人物传、列女传，人物传按时代次序收录人物，将其中有一定关系者撰成合传，并附阙访、别录（阙访所收人物，系生平事迹难以寻访者，别录收录致力于地方公共事务及慈善活动而又难以搜集到其具体内容的人物）；列女传，有节妇略、烈女略、列女别录。

　　卷二十四至卷四十为附志。卷二十四为丛载，分古迹、寺观、轶闻、志异四篇。卷二十五至卷三十二为掌故，有赋役全书、编造鱼鳞册、重建凤梧书院、凤梧书院藏书目、清查无主公租与无主公租册、宾兴田册、湖镇义塾田册、劝捐积谷、重修姜席二堰、创建浮桥、整顿义渡、开矿成案、兴复育婴堂、禁夫役勒索工价、禁掘冬笋等，共十六篇。卷三十三至卷四十为文征，载录诗文等作品。

　　卷末为前志源流与修志始末，记述龙游历代纂修县志的概况与余绍宋等人纂修民国《龙游县志》的经过。

　　这部《龙游县志》体例新颖，资料详实，结构严谨，为当时学术界所关注。也博得了梁启超高度赞赏，梁启超在为该志作序时认为"其长有十"。梁启超对志书的评价可归结为：一，将丛载、掌故、文征设为附志，表明了志书的主次关系；"（章学诚）《湖北通志》（立文征、掌故）与正志并列为三书，未免跻附庸于宗国。越园别为附志，以隶于正志，主从秩然。"二，资料搜集广泛，考订严谨；"如氏族考，调集数百家谱牒，经极详慎之去取别择，而得其经纬脉络。其清代职官表，康熙后即无所凭借，乃搜断片于文集、笔记、诗歌，或祠壁井阑中。天吴紫凤，缕错织文，常人所不注意者，字字皆呕心铸成。其实他篇，类此者尚众。征引之书，不下四五百种。……实为搜集史料、辨证史料之最好模范。"三，设置通纪："（章学诚）所作诸志，除鄂志（《湖北通志》）之皇朝编年纪已佚外，余则仅有皇言、恩泽等纪。纯属部分的官样文章，不足为全书纲领条贯，则作纪之志荒矣。越园通纪之作，综一县二千年间大事……"四，氏族表的创立："越园之氏族考根据谱牒熟察其移徙、变迁、消长之迹，而推求其影响于文化之优劣，人才之盛衰，风俗之良窳,生计之荣悴者何如,其义例为千古创体,前无所承。"五,食货志纂写较佳:"越园兹考(食货考),以户口、田赋、水利、仓储、物产及物价为次,什九皆凭实地采访,加以疏证。其必须参考官书格式者,则入诸附志之掌故。……以期体裁峻洁,读者不迷。"六,创立都图表:"越园创立都图表,道里远近居民疏密旁行斜上,一目了然。"梁启超甚至呼吁"其毋使《龙游县志》为我国方志学中独传之作也"。

余绍宋的方志学观点是源于章学诚的。章学诚说过:"凡欲经纪一方之文献,必立三家之学,而始可以通古人之遗意也。仿纪传正史之体而作志,仿律令典例之体而作掌故,仿《文选》《文苑》之体而作文征。三书相辅而行,阙一不可,合而为一尤不可也。"(章学诚《方志立三书议》)余绍宋于民国《龙游县志》卷首作叙例,阐明其编纂志书的宗旨,其思想与章学诚基本一致,认为应"规仿史裁,因分正志附志。正志为志之本,文务求峻洁,以符史律;附志为志之附录,不妨广收以免遗漏;期于相辅相行,不使偏废"。"古迹、寺观虽无关弘旨,然足以资观感警贪顽,不可删也,因别为丛载。其前人轶事,足资佐证,及怪异足资谈助者,亦入之,是为附志之一。"(民国《龙游县志·叙例》)余绍宋在编纂《龙游县志》时,并不囿于章氏之理论,往往给予创新发展。章学诚在其《修志十议》中认为,方志应设皇言纪,后来在他所纂的部分志书虽舍弃皇言纪另设大事纪,但未说明大事纪在志书中的作用。余绍宋在《龙游县志》的《叙例》中,则明确阐明:"兹编(指该志通纪)意在为考、表、传之经,故专重一县之大事,录而纪之,使二千年来情事萃于一帙,不惟全书若网在纲,亦足为知人论世之助。"即认为大事纪是志书时间上的纲领,明确了其性质与作用。对志书中氏族部分的编纂,余绍宋破除了章学诚以门第为收录标准的先例,"余序次氏族,虽师实斋(章学诚),然绝不效其所为士族表也。实斋贵世族,欲以世族率齐民,以州县领世族,故其作士族表,必有生员以上之族始录之……余今所为考则不然,不问其是否著姓,是否大族,抑有无生员以上之人,但使有谱而合于是编体例者,罔不著录,故不称士族,而称氏族,与实斋成法各不相侔,断无门第之见存也。"(梁启超民国《龙游县志序》)章学诚和余绍宋对采用什么样的家族入志所见不同,却反映出章以宣扬等级制度为立场,而余显然不同意章的观点,他设氏族志的本意在于用客观的记载反映当地社会结构。余绍宋的方志思想虽承自章学诚,却能予以发展,使之在新的社会条件下获得生命力。

纵观中国方志,有几千年的历史,但唯有清一代,章学诚以自己的方志实践,为方志做出了科学总结。他在《方志立三书议》中,为志书安排了"志""掌故""文征"三大部分,其中志为主干,又为志规划了四个门类,即纪、谱、考、传。这一体例结构的提出,说明了传统方志编纂学的成熟与进步。但章学诚这一理论提出后,真正重视并努力实践的,只有余绍宋和他的《龙游县志》。从这个意义上讲,余绍宋的民国《龙游县志》是传统方志编纂学之绝唱。

这里还应纠正后人一种不确切的说法,认为余绍宋的修志观点在主观上有轻视少数民族的思想。其实他编的《龙游县志》,恰恰体现了他重视少数民族的思想。龙游南部山区有许多畲族群众聚居,他们基本上是于清康熙三藩之乱及太平天国战争后从闽地迁来。余绍宋在《氏族考》和《风俗考》中,客观如实地记载了畲族的入迁历史、现存人数、家谱情况,以及服饰、劳作、交往、祭祖、丧葬、婚嫁等,并有详实而科学的考证。后人片面理解其《叙例》中的一段话,才有此结论。这段话为:"畲民本属异类不必入志,今因其迁来已久,人数亦繁,杂居乡间与齐民渐通婚媾,前清嘉庆间亦经浙抚阮元咨准一体应试。则虽其出自蛮夷岂宜鄙视?爰于《氏族考》后附其源流。其风俗有甚奇异者,并附于《地理考》之末,窃比正史《蛮夷传》例,亦备通志、国史采取之资。"由此可见,《龙游县志》记畲族畲民,于当时来说是一个进步,能以客观真实的采访资料入志,难能可贵。

另外,余绍宋通过编纂《龙游县志》的实践,对章学诚的"八忌""四要"等理论也有新的补充和阐发。如他认为于"忌条理混杂""忌详略失体""忌偏尚文辞""忌妆点名胜""忌浮记功绩""忌泥古不变""忌贪载传奇"之外,还应加上"忌任意掠美""忌不知考证";"要简、要严、要赅、要雅"中的"简"不应一概而论,以志书中记载山川、河流、建置沿革为例,一统志、省志宜简略,府志已宜详实,县志尤宜详实。(《余绍宋日记》第3册,北京图书馆出版社2003年影印本271页)

民国《龙游县志》问世后,得到许多学者评论和赞誉。正如当代方志学家魏桥所说:"余绍宋撰编的《龙游县志》,公认为民国时期志苑佳作。1925年梁启超作序具体剖析全书'其长十也',给予极高的评价,同时指出'无实斋则不能有越园','有实斋不可无越园'。实斋即章学诚,越园即余绍宋，均出于浙土，是浙江的光荣。细读该书，始知梁公之言并非溢美，而是事出有因，言之有据，恰如其分的。全书'卷首叙例'，既是统率全书之纲，又是对前人修志经验的精辟总结，同时使方志理论建设上升到一个新的境界，读来令人信服。广大方志工作者和文史工作者认真一读，对于总结过去，拓展未来都是大有益处的。"（民国《龙游县志》重印序）

衢志作序，情同义合，志苑友谊传佳话。

讲到余绍宋修《龙游县志》，不能不提民国时期的《衢县志》。衢县原称西安县，历代衢州府治所在，入民国改称衢县。这部志书的纂修几乎与《龙游县志》同时，但成书刊印却比《龙游县志》晚了整整十年。《衢县志》的纂修者郑永禧（1866—1931年），世居衢城，清光绪丁酉（1897年）乡试解元，1900年衢城爆发了戕官吏诛洋人的"衢州教案"，此后清廷下令西安县停止科举考试，以示对当地士人的惩罚。郑永禧几乎由此断送仕途，入民国当了一任湖北恩施县知事，此后一直在家乡从事地方教育和乡邦文献的收集整理。《衢县志》就是他一生中主要学术成果之一。但这部志书也同样花费了余绍宋的心血，凝结着余、郑二人志同道合的友情。

早在1921年余绍宋决定修龙游县志时，郑永禧也决定修衢县志。这年余绍宋回衢州，郑永禧来余府相会，商谈修衢县志一事。余绍宋认为，旧《西安县志》和旧《龙游县志》"体例均乖，宜事改撰，不宜仅依旧例续增"。郑永禧虽同意余绍宋之观点，但认为如此则难度相当大。两人相约，两县志体裁务求其同，记载务避抵触。此后三年中，二人各自撰述，书信往来，探疑点，谈心得。余绍宋利用北京各图书馆之便利，在收集龙游县资料时，注意收集旧西安县之资料，亲自摘录，寄给郑永禧。余绍宋身居北京专事编纂，龙游采访则由祝康祺及手下采访员进行，而郑永禧虽居衢城，但事必躬亲，采访撰写悉由一人独任。三年后，《龙游县志》初稿完毕，郑永禧读后深为赞许，表示《衢县志》也将按《龙游县志》体例编纂。郑永禧考虑到自己身体健康状况深感独力难支，写信余绍宋，委托余绍宋纂修《衢县志》。余绍宋非常为难，修志一事非同儿戏，须主客观条件皆备方可为之。他回信郑永禧婉言相拒：

旬日前获读教示，欲以贵县志事相委，绍宋侨居郡城已四世矣，安敢言辞?顾有必需商榷者数事,敬为吾丈言之。修志原有两种方法,一为别出新裁,全部改撰;一为不动前志,但纂续编。两者相衡,后法为易,但必前志完善始得为之,否则必需别撰补遗正讹之编,便涉繁杂。今观嘉庆西安志,他不必说,即其仿《浙江通志》体例一端已属十分荒谬。通志、县志各有义例,不容相袭,乃定理也。无论《浙江通志》体例本非完善,即使完善,亦不当效法,况又效之至于支离破碎乎。绍宋所为敝县新志,即以前志体例未佳,全部改撰,凡为叙例百七十余则都四万余言,阐明义例与所以参用史裁之故,自谓精当不磨。若欲绍宋承乏衢志,亦必本夙昔所主张,全部改撰。特不知此三年来吾丈撰成者几何,是否仍用后法,如用前法有无所碍。此一事也。

此次敝县修志深赖祝劼老主持,督率诸采访员厉行采访,每月必责以采访十五条,其不及此数与采访不得要领者,立予撤换,绝不容情。又由绍宋制就联单,每有所询必责查报,办法甚为严饬,未知衢县有此资望相称之人能如劼老之任劳任怨者否(或俟敝县志成印,即延劼老为衢局坐办亦是一法,不知劼老肯就否耳)。此又一事也。

绍宋承修敝县志时,曾由绅者声明,一切去取悉听主裁,无论何人不得有所干涉,志成后径在京师付梓,亦不得托名公议增损原文一字,故此次志稿名为官书,实同私家著述。若绍宋承乏衢志,虽不敢作此奢求,要当有相当之信任,未知贵县父老兄弟对绍宋信用如何。此又一事也。

凡事非财不行。此次敝县修志凡用二万余金,印费尚不在内。如贵县欲令绍宋承修,至少亦需筹定的款二万元方不至半途停顿,而如此巨款,当兵差竭泽之余能否筹措? 此又一事也。

是四事者必需先决,加以审度,而后敢承。(《余绍宋日记》第4册,北京图书馆出版社 2003 年影印本 97 页)

信中所提四事,正是衢县与龙游两县在修志客观条件上的差异。

1926 年秋,余绍宋回衢再见郑永禧时,此时初稿已成,但郑永禧因积劳伤神双目失明了。这年冬,郑永禧托人将志稿送到北京并附上书信:"余目已盲,修正之事唯君任之。"余绍宋接受了郑永禧的嘱托,对衢县志稿着手审查校对,所花足足两个多月时间,补证了百余条资料。后又为之写了

《衢县新志序》。1931 年 3 月，郑永禧先生去世，消息传到杭州，余绍宋不胜悲痛，为其作墓志，对郑永禧不慕功名，以毕生精力纂修乡邦文献给予高度评价。其铭曰：卓尔一编，踵武盲史。秉斯精诚，虽死不死。余业纵弘，安得媲此。铭兹永藏，伤哉同志！

　　1932 年，衢县县长倡议成立委员会修订衢县志稿，余绍宋心甚忧之，他担心这部志稿如此拖下去刊印杳无限期，更担心浸透着郑永禧心血，有着详实资料、体例完善已具出版条件的志书，被某些人擅自乱改而面目全非，甚至志稿散失。在他看来，当时衢县地方无人于才、识、德能超郑永禧之上。于是，他请当时的浙江省图书馆馆长陈训慈，将衢县志稿录了副本存馆，以备不测。以后事情果如余绍宋所料，此后三年，这个修订县志委员会并未有效开展工作，不了了之。1936 年冬，在郑永禧亲人的努力下，《衢县志》终于出版问世。在余绍宋看来，这不仅使中断了 120 多年的衢县志书得以延续，更是对九泉之下的郑永禧的莫大安慰。

谱牒亦史，《余氏家谱》，谱学典范至今崇。

　　《龙游县志》的问世，得到了当时学术界的相当重视，也奠定了余绍宋在我国方志学界的地位。然而对余绍宋来说，这只是他从少年时代就萌生的一个愿望得以实现而已。在他花全部精力编修《龙游县志》的这几年，也是他对政治、时局深感失望的时期。"三一八惨案""金佛朗"案，使他看透了北洋政府统治的黑暗，他辞去了司法部次长的官职。而此时北伐革命正风起云涌，他对今后时局实在是吃不透，最终决定脱离政治。或许是章学诚的一句名言启发了他：大丈夫生不为史臣，亦当从名公巨卿执笔充书记，而因得论列当世，以文章见用于事。如纂修志乘，亦其中之一事也。1927 年 7 月，他辞去了司法储才馆学长和教务长的职位。他到了天津，与梁启超比邻而居。实际上他于前途已有选择，那就是继续编纂方志。

　　早在 1925 年 10 月 31 日，梁启超在余绍宋府上读了《龙游县志·序例》大加赞赏："此真乃方志新纪元！"慷慨答应作序，并与他相约，他日共修《广东通志》。但当时的梁启超却忙于各项事务，反而推荐他去上海商务印书馆谋职。当编辑自然非其志向。余绍宋于 1928 年初回衢州省亲，此后居住在杭州，以写字卖画为生。一旦广东方面有召唤，他会随时南下的。1929 年元旦过后，余绍宋接到了好友、当时的广东省教育厅厅长黄晦闻的来信，约他赴广州任广东通志总纂，随后又收到了广东省民政厅厅长许崇清的聘书。但不久黄晦闻却离粤去北大教书，而广东方面对于通志馆诸如人事经费等也无下文，诸多不确定因素使他难以启程。1 月 19 日，梁启超在北京去世，余绍宋知道，今生今世与广东通志无缘了。他为梁启超写上一副挽联："志书正待商榷，忽失依据，太息前尘真梦幻；年谱未遑自订，更谁论定，追怀别绪益酸辛。"上联表达了他今生不能与梁启超共修广东通志的遗憾；下联是，他曾建议梁启超自订年谱，对自己的学问事业于后人有个交待。此事未就，于己于友都感心酸。

此后余绍宋又着手一项新的工作，即编修《高阶余氏家谱》。早在数年前修《龙游县志》时，因编写《氏族考》，余绍宋曾借调了乡里三五百部族谱家谱仔细阅读。但他所见的家谱大多数出自谱匠之手，芜秽荒谬，编者既不懂史学，又不谙著述体例。自进入民国以来，民间修谱之风渐兴，用什么观点和什么方法来编纂一部家族的历史，这是余绍宋着重考虑的问题。在他看来："家谱与国史方志，实为吾国史籍中之三大枢系。自《世本》以迄隋唐两志所著录，谱学已蔚为专门。厥后丧乱屡经，漫见衰微；然此敬祖尊宗收族之观念，固已普及于民间；故虽穷乡僻壤，而尊视家乘则无间。今就通常谱所载者，凡民族之迁徙，宗姓之繁衍，结婚之年龄，人口之繁殖，天年之修短，乱离中之死亡，门望之演成，遗传之趋势，族制之变革，乃到政治风俗与家族之关系，胥可于是观之。斯固考国史者所欲取为衷据，亦欲明中国社会之现代者所不容忽也。"（《龙游高阶余氏家谱叙例》，载 1935 年《文澜学报》）地方志是国史的补充，家谱是地方志的补充，"谱牒亦史之流也"。他要用方志学的观点以及用编纂方志的方法来编修一部家谱，为民间修谱作一范本。事实上，这部《高阶余氏家谱》，的确体现出余绍宋"谱牒亦史之流"的思想。

《高阶余氏家谱》共十八卷，卷首为叙例，阐明了作者的编纂思想及是书之体例，其余十七卷分为十大类，即宗支谱（世系图、行序）、世德谱（封赠、祠祀及坊表、科目及职官）、规训谱（家训、家礼）、祠墓谱（祠制、墓域）、祭祀谱（仪制、条规）、祀产谱（旧产、现存产）、传志谱（遗像、世传、墓志）、艺文谱（旧谱、著述）、文章谱（内篇、外篇）、杂载谱。各谱前皆冠以无题小序，或引宋代欧阳永叔、苏老泉，或引《世说新语》注，或引《唐书·艺文志》《隋书·经籍志》，总之引经据典，无征不信。其目的是"聊示子孙俾知史法而已"。当时有人评价《龙游高阶余氏家谱》"援据经史百家之书，立论精当，定例谨严。于斯学已绝之际，实别开一研究途径"。他提出"正史、方志、家乘是构成中国史学的三大枢纽"的论断，为后来学者提供了新的理论和更开阔的视野。《龙游高阶余氏家谱》于 1933 年刊印，其《叙例》先后在 1934 年《文澜学报》和 1944 年《浙江通志馆馆刊》上刊登。1937 年杭州沦陷，《龙游高阶余氏家谱》被掠至日本，被日本国会图书馆收藏。1997 年，有关方面托日本友人带回复印件，今藏龙游县图书馆。而余氏子孙家藏诸本多毁于十年动乱。

山河破碎，岁月蹉跎，蜗居山间修通志。

1939 年 11 月 6 日，浙江省第一届临时参议会第二次会议在永康召开，已被选为参议员的余绍宋，向会议提交了《拟请省政府设委员会征集通志、县志材料》的提案。当时正值抗战初期，浙西杭、嘉、湖等地先后被日寇占领，文物惨遭毁灭。而浙东地临前线，随时有沦陷的可能。为此余绍宋忧心忡忡。他在提案中写道：

> 文献赖志书以存，其为重要，自不待论。唯向来省县政府，多未措意及此，故一遭变乱，散佚无遗。即如浙西各县，经此番沦陷，一切地方掌故档案，从前因未有人负责整理，遂致无从移出，以后更无从考证。其损失之浩大，岂容思议。前车已覆，来轸堪虞。自宜略仿章学诚"各县应设志科"之议，先时预为之备。由省政府通令各县，聘请有学识士绅数人，组织一委员会，专司其事（小县则不必设会，专聘一二人任之亦可）。拨定经费，以供采访抄录之需。其浙西沦陷各县，仍宜设立。一面征佚补亡，一面专记沦陷后情事，以备异时载入专书，借资警惕。省会则由省政府聘请淹通博雅士绅若干人，组织委员会，以总其成。其详细办法，应由民政厅详为拟定。经费一层，则需稍裕，方足尽其能事。如是则将来事定后，编成志书，不患无所取裁，可成信史。万一有变，亦能转徙，不致散亡，实为目下急要之务。或谓当此抗战时期，不必为此不急之事。不知文献是历史的根基，无历史则无人类社会；失其凭借，而民族精神，亦无从资以发挥，未可忽也。

该提案当即经大会通过,送省政府办理。然而其时日寇铁骑已蹂躏浙省属县半数,具体实施自是相当困难。

1942年5月,经浙江省民政厅厅长阮毅成、教育厅厅长许绍棣提议,浙江省政府决定成立浙江省史料征集委员会,任命余绍宋为主任委员,原省参议会副会长陈训正为副主任委员,陈辞而未就。委员则由主任推荐,余绍宋推荐了叶左文、刘祝群、袁道中、邵裴子、陈训慈、黄百新、姜卿云、王松渠、胡建中、查宽之、余铁山、沈复生等十三人。

1943年8月1日,浙江省史料征集委员会改为浙江省通志馆,由浙江省政府聘请余绍宋任馆长。此前,省民政厅长阮毅成、教育厅长许绍棣曾多次与他面谈,力邀他出山,主持省志修纂。更令他感动的是省主席黄绍竑(季宽)的邀请函:(吾浙)"文物失坠,史材散佚,非急搜求整理,将恐所闻所见荡焉以尽,泯焉无传。……夙钦先生道德文章,乡国矜式,秉笔方志,士流争推。……已别具书敦聘先生为浙江通志馆长。"对于担任通志馆馆长一职,余绍宋是有思想准备的。在他看来,如今国难当头,大好河山被日寇蹂躏,民生凋敝。这场战争,给浙江人民带来的灾难是空前的。最使他痛心的是战争对文献的毁灭。他认为,战争给中国人民造成精神和肉体的痛苦,是可以通过今后全民抗战所取得的胜利而得到抚慰的,而作为传统文化的载体——文献典籍的散佚,对中国这么一个具有五千年文明史的国家所造成的损失是无法弥补的。自己乃一介文人,国难当头,有责任通过修志将浙省文献整理保存起来,以俾将来薪火相承。尤其是可以将日本侵略者在浙江所犯的罪行——记录下来,告诫子孙,使之勿忘国耻。

通志馆馆址设在云和县城郊大坪村一座梅家大宅内。当年浙江省政府机关移到云和,小小的六千人口的山城,一下子涌进省府机关两万多人,早已是人满为患。大坪村距县城五里,梅家大宅背靠白龙山,面对云和县城。梅家大宅主建筑三进三开间,走出大宅北门,面对的就是白龙山坡上郁郁葱葱的毛竹。山中蜿蜒下来一条小涧,山泉直至大宅西墙脚。这里环境幽雅,非常适宜修志做学问。

馆址选定了,如何开展工作,余绍宋面对的工作是千头万绪。他清醒地认识到,这届修志有六大难处。一是缺史料。杭州沦陷,许多机关单位匆忙撤离,档案文献丧失殆尽。如今在穷乡僻野,交通阻塞,采访以及与各县之联系十分不便。二是通志断修时间过长。雍正《浙江通志》距今已两百余年,这两百年正是我国剧烈变更时期,鸦片战争、太平天国、庚子赔款、清帝退位、建立民国……而这些大事都与浙省关系密切,记叙有相当难度。三是缺人才。馆长余绍宋,总编纂孙延钊,这是省主席直接任命的,而具体的分纂、编纂须有相当学术功底之人士担纲。对于余绍宋来说,肩担主修一省之志的重任,于当时而言,最缺的是人才。"国学沦亡,人才凋丧,于今为烈,聘请编纂实难。其人其地位较高者不肯俯就,其国学无根底者未能从事。又文才已少,史才尤难。著述之事必归宏雅,非同记簿……司马公之成《通鉴》,以有刘敞诸人;纪文达之成《提要》,以有戴震诸人。环视群伦,可延聘而来者曾有几人?"(《筹设浙江省通志馆意见书》,载 1945 年《浙江通志馆馆刊》)四是时间紧。当时省府方面要求大致八年完成通志,但如此环境条件,人、财、物难以保证的情况下谈何容易。五是通讯不便。云和地处浙南一隅,与杭嘉湖等沦陷区不能交通,因日寇侵扰,就连与金衢严等地的修志机构联络也难保正常。六是经费紧。时值国难,物价昂贵。"中央之加薪率不过二成三成,物价之腾跃率为五十倍百倍",省财政拨款能否保证通志馆同仁养家糊口及通志馆开展工作最起码的开销?所有这些,都是他当馆长必须考虑的。

在诸多难题中,余绍宋认为当务之急,是解决人才问题。他需要一批与自己志同道合者,而这些人又必须具备史才、史识、史德。而最好是在某一学术领域有超人的才干。他亲自撰写了《略评旧浙江通志兼述重修意见》《浙江省通志稿编纂大纲》两篇文章在"东南日报""文献汇刊"上发表,以祈抛砖引玉。又写了《致本省旅外同乡书》,将浙江省修志之事通告,诚恳希望海内外"乡贤响应,党国精英,学林硕宿,凡关编纂义例……渴望指示宏裁……使全浙人士,咸晓于敬梓恭桑之义而起图成也",表达了他为修志求贤若渴的心情。

这三篇文章发表后, 即得到了社会上热烈反映。科学家竺可桢写了《论通志星野存废问题》,学者李一飞写了《对通志编纂大纲之意见》,富阳学者章乃羹写了《略论修志意见》,瑞安学者宋慈抱(墨庵)写了《省志问题献疑》……一批学者进入了余绍宋的视野。有台州学者目录学家项士元,德清水利学专家俞寰澄,青田文史专家刘祝群,平湖戏曲史研究家、教育家钱南扬,诸暨学者蒋麟振(宰棠),嘉善学者文史专家张天放,杭州学者钟毓龙、韩登安、邓冶欧、谢燮堂,云和人高均、梅志初、王箬浮,龙游人劳泰来、祝鸿逵……共有三十余人。这些人都成了通志馆的编纂和分纂,他们能聚在山城云和,肩担修志重任,多半是爱国思想使然,同时也服膺余绍宋在学术界的威望品行为人、道德文章,以及他礼贤下士、求贤若渴般的爱才惜才。

瑞安人宋慈抱先生当年已近六十,一直在家读书,未曾外出谋过事。他见《浙江省通志馆馆刊》的征稿启事,遂寄来了《省志问题献疑》几篇文章。这位老先生行文严谨,下笔飞快,善作六朝骈体文,著有《续史通》。他既无举人、进士的功名,也无博士、硕士的学位。余绍宋从未与他谋过面,但却对他的著作十分欣赏,聘他为编纂。此后宋慈抱在通志馆专事《艺文考》的编纂。1985 年,浙江人民出版社出版的《两浙著述考》计 120 万字,就是宋慈抱在通志馆工作的成果。

还有一位陈豪先生,于通志馆成立之时,在《东南日报》上发了一篇《写在浙江通志馆成立以后》的文章,提出了许多意见和看法。余绍宋读后,马上与报馆联系,寻查作者,欲聘其人来志馆工作,可惜未能找到此人,余绍宋深为惋惜。

当时通志馆还有三位青年人,洪焕椿、刘衍文、唐家仁。这三位年轻人在通志馆工作的六七年中,受到了余绍宋谆谆教诲,打下了扎实的知识功底,后来都成了新中国卓有成效的学者。

洪焕椿(1920—1989 年),瑞安人,晚清国学大师孙诒让的外孙,通志馆总纂孙延钊的外甥。在通志馆,洪焕椿从事经籍志的编纂工作。解放后任南京大学历史系主任,著有《浙江文献丛考》《浙江方志考》《明清史偶存》等。1982 年他在《浙江文献丛考》后记中追忆:"在浙江省通志馆的那几年,在余绍宋等老一辈学者的指导下,从事版本目录和文献考订工作,得益较多……"

刘衍文(1920—)、唐家仁(1924—)皆为龙游人,当时只读到初中毕业,在通志馆工作七年,负责《浙江通志馆馆刊》编辑。生活上他俩得到余绍宋慈父般的呵护,而受业上又受到严格砥砺。解放后刘衍文成了上海教育学院教授,唐家仁是《大众电影》杂志副主编,两人皆著作等身。

当时通志馆设编纂二十余人,由馆长确定人选,提请省政府聘任;另有分纂十余人,由馆长聘请。其后,又设浙东办事处、浙西办事处,每办事处设主任一人,分纂数人,另雇有办事员与工人;各县市成立文史馆等组织，并聘有采访员。人员初步确定后，省志编纂计划也大致拟订。按计划，省志编纂分为四期共八年时间，每期两年。前六年为编纂期，后两年为定稿期。第一期着手进行的工作有三方面。馆务方面，一是征集图书，以前史料征集委员会所征资料全移交通志馆。从青田、庆元等图书馆借调部分图书，从书肆藏家手中购买。二是编印《浙江通志馆馆刊》，馆刊以"发扬浙江文献、报告馆务状态为宗旨"。三是促进各县重修县志，健全修志机构和网络。采访方面，建立健全采访网络，随时物色留心文献有学之士，为省志所用。编辑方面，在馆之编辑分纂可利用省府所在地各厅之档案，对人口、民族、生活习惯、职业状况、田地、物产、党务、议会、行政、司法、教育、实业、交通、财务、军事……凡有条件可编写者，立即着手进行。以后三期进程排得相当紧凑，内容也相当具体。

余绍宋根据《浙江省通志编纂大纲草案》一文，拟定：重修通志体例依照龙游县志；叙述直至最近发生的事实为止；凡今日已有科学根据的资料，如天文、气候、地质、矿产资源及各种统计，均用图表述；旧志中各项虚伪、谎诞、迷信的记载全予删除。此次纂修《浙江通志》无时间上限，属重修性质，其主要内容与门类为：

一、纪：大事纪，采用编年体裁。

二、考：疆域考，下设沿革、经纬度数。地理考，下设全省形势、气候、雨量、潮汐、地质、省县市沿革表。民族考，下设民族、人口、方言、外侨。社会考，下设生活情形、职业概况、谚语歌谣、婚丧祭礼、岁时礼俗、地方习俗。田地考，下设农田、山地、农户、田价地价山价、水利。物产考，下设矿产、农产、水产、特产。艺文考，下设著述、艺术。古迹考，下设古时公共建筑、碑碣、故宅、名胜、陵墓、古物。

三、略：党务略，下分省市县党部、三民主义青年团、民众团体、动员工作。议会略，下分省议会、县自治及议会。一般行政略，下分省政府及各厅处、行政督察区、县、市、地方自治行政、地政、警察、会计、救济、卫生、劳役。司法略，下分法院、诉讼案、监狱、律师会计师。教育略，下分组织机构、学校制度及经费、社会教育、留学、印刷局、报社、训练。实业略，下分银行、合作、公共企业、农业、渔业、矿业、盐业、森林、工业、商业、物价、封锁政策。交通略，下分铁路、公路、水路、驿传、电报电话邮政。财务略,分预算、决算、税务、海关、盐务、公债、专卖、公款公产。粮政略,分田赋、仓廒、运输、备荒。军事略,下分海防、要塞及堡垒、征兵、自卫队、保安队、军械、军医、军法、军民合作。宗教略,下分佛教、道教、回教、基督教、异教。建置略,下分城池、桥梁、海塘、祠庙。

四、传:有人物传、列女传、宦绩。

五、谱:选举略,下分考试、学制、议员。职官略,下分历代制度及现制、文官表、武官表。

以上为正志,此外有附志。附志有杂记、两浙文征。

杂记附于正志之后,两浙文征仿明《文选》之例,诗文并收。诗、文两类又分内外编,浙江人所作诗文收入内编,非浙江籍人所作收入外编。编排以年代为次序,内编除介绍作者简历外,并注明所采诗文的出处。整部志书体例遵从章学诚"三书四体"。

由于战时物资匮乏,物价飞涨,通志馆同仁们租赁土地种植蔬菜,以改善生活。余绍宋常与众人一道劳作。他在《移居南溪乡大坪村省府并设通志馆于此》诗中,对居大坪村生活做了这样的描述:

> 志局初开创,羁栖喜自随。丛残珍故纸,货殖重村耆。野获堪征信,山堂且拾遗。嘤鸣时有和,不必叹流离。
>
> 同人谋丽泽,旅宦当居家。福利原如此,清廉岂有加。漫嫌学圃鄙,相率并耕夸。我亦伤迟暮,东陵且种瓜。

在云和期间,余绍宋就住在通志馆内。他与志馆同仁相处融洽,合作愉快。民政厅长阮毅成常来看他。每次馆务会议,阮毅成必来参加。他在后来写的《记余绍宋先生》一文中做了这样的回忆:

> 越老在云和住了三年,方因抗战胜利,而回杭州。他在云和这一段时期,生活不但安定,而且文酒之会无日无之。其时物质生活清苦,但人人奋发,互信共信,精神上至为愉快。
>
> 民国三十四年(1945年)新春,云和大雪。越老住在离城十华里

的大坪，为雪所困，不能出门。我约其来大庆寺梨园我家中饮春酒，他无法践约，却填了一首词送来：

烛影摇红　新年大雪

不道新年，门庭阒寂堪罗雀。雪深三尺断行人，有酒和谁酌？矫首相南非昨。细思量，已殊苦乐。窜身穷谷，茧足荒山，冲寒徒度。莫漫多愁，天涯何处容安泊。已能高卧复安求？奚事嗔衾薄。蓦地开缄欢跃，又生憎，缤纷洒落。青樽红烛，辜负居停，难酬佳约。

过了几天，雪止。越老约我到他家中午饭。酒酣，越老对客挥毫，送在座者每人一幅红梅。黄季宽（绍竑）当即在我的一幅上题道：

忆孤山初换新装。湖上影飘谁伴得，应只有，鹤翱翔。

同座的项慈园（士元）先生也在画上题道：

一枝春意逗，慎勿误桃花。

于是宾主皆抚掌大笑，尽欢而散。越老对项的题句颇为欣赏。他说"大雪之后，把酒画梅，乃是不久可以回到孤山寻梅的预兆。"是年八月，抗战果然胜利了。

民国时期浙江省最大的文化工程，是在一个特殊的年代和特殊的环境下启动的。在人力、物力、财力皆极其匮乏的情况下，以余绍宋为首的一批爱国知识分子，蜗居山城，为中华民族的传统文化，默默地奉献着。其中蒋麟振（宰棠）先生因环境条件恶劣，积劳成疾，病死在大坪村。

1945年8月15日夜半，刚睡下不久的余绍宋被一阵鞭炮声惊醒，有人来报告：是日本天皇发布诏书，日本无条件投降了！望着窗外沸腾的山城，余绍宋百感交集。整整八年，自己避难在山中，先是沐尘，后为修志蜗居大坪，他无时无刻不想念家中老母、妻子儿女，如今这逃难的日子终于要结束了。同时他联想到眼前的通志修纂，一种责任感和使命感油然从心底升起：抗战胜利了，修志工作环境条件必将大大改善，自己已年过六十三，一定要在有生之年将《浙江通志》编纂完成。他于案桌上铺开宣纸，提笔写道：

夜半俄闻敌已降，起来颠倒著衣裳。惊疑醒作还家梦，失措欢如中疾狂。何意忽能逢此日，从兹不必滞他乡。八年锋镝余生在，莫向崦嵫叹夕阳。

抗战胜利后，浙江通志馆迁至杭州里西湖梅庐。由此时始，《浙江通志》的重修方纳入正轨，修志条件得以改善，编纂速度提高。余绍宋以旺盛的精力、认真负责的态度对待志稿的每句每字。从如今保存的当时原稿件可以看出，许多已经分纂或总纂校阅过的稿子，他仍一一过目，许多原稿上都留下他批阅的笔迹。因财政困难，修志经费短缺，1947年2月20日，与阮毅成等人在上海南京路国际饭店14楼，宴请上海银行、钱庄两业的浙江同乡，为省通志馆筹募经费。阮毅成向众人宣传修志的意义及募款的缘由，余绍宋则以通志馆长的身份陈述修志工作近况，及募款所得用途。同乡们纷纷发言响应，当场募得两亿元。

浙江省通志馆直属省政府领导，当时浙江省参议会对修志工作也很关注。

1947年4月，第一届浙江省参议会在杭州举行第二次大会，其间有几位议员就修志情况提出询问，所提问题十分专业。余绍宋也是参议员，即席答复。

如参议员廖家驹问：艺文志部分，文章材料太多，应设法减少，可否于有关部分下做小注。氏族部分，应加注郡名。又考异部分，关于畲族之记载，或有不符，请详加考证。

余绍宋回答：文章别编文征，氏族加郡，容告各位编纂。畲族考证，昔日本席所作《龙游县志》已有之，通志自应记载。

参议员叶向阳问：可搜集以前省志局保存之民初续稿作参考资料。各地采访员，可义务聘请学者担任。又通志完成期间，似可改定为六年。

余答：民初续稿，已散佚不全。闻上海有一部分，已洽借参考。修志期间原定八年，本人亦希望提早完成。义务聘请学者担任采访工作，依据以往经验，收效甚微。

参议员陈烈文问：以往志书人物部分隐恶扬善。本人以为，如通谋敌国之汉奸等，应口诛笔伐，以警后世。

余答：本席所作《人物表传例议》末段有"人物别录"，即为汉奸而设。以其不配称传，故曰"别录"。此文已载在馆刊中。

参议员刘于武问:地方采访员,可分函各县参议会,请其介绍,广为延揽。又,总编纂应注意文体修正,以求全书体裁一律。

余答:早经如此办理。

1948 年,部分志稿已近于完成,用以统率全书编纂的《重修浙江通志体例纲要及目录》制定付印。同年,财务略第二章田赋付印。

1949 年 3 月,国民党政权摇摇欲坠,解放军兵临浙江,浙江省通志馆解散,浙江通志编纂停止。省府当局决定仅留二名职员管理图书及资料,其他人员一律遣散。余绍宋为员工今后生计,向省府当局力争,为每人发三个月工资。因当时物价飞涨,他又马上派员去米店联系,将员工们三个月的工资作为米价款预付给米店,使员工可随时向米店领取大米。至于外地人员则发给现金。

1949 年 6 月 30 日,余绍宋因突发败血症,不幸病逝,抛开了晚年心血铸就的《重修浙江通志稿》。这是他九泉之下最大的遗憾。余绍宋去世后,《重修浙江通志稿》由浙江图书馆收藏。1982 年,浙江省各县、市修志工作启动,为给各修志单位提供资料方便,浙江图书馆光电誊印了这部沉睡了三十三年的志稿,共一百二十五册,约三百万字。但其编排并非按原编纂大纲的形式,而是以类别相近加以排列,有许多内容缺失了。其次序为:叙例、大事纪、地理、民族、物产、建置、名胜古迹、著述、艺术、党团、议会、司法、行政、财务、盐务、国税、省公债、计政、粮政、军事、水利、交通、实业、宗教、考选、人物表传、儒学表及文征等。

这部志稿为当时浙省各县市修志提供了翔实的资料,人们也从中了解了余绍宋的修志观点。

1984 年 6 月,浙江人民出版社出版了南京大学历史系洪焕椿教授编著的《浙江方志考》,洪教授早年在浙江通志馆任编纂。书中以较大的篇幅评价了余绍宋所撰的民国《龙游县志》和《重修浙江通志稿》。1986 年杭州古籍书店影印出版了《浙江省通志馆馆刊》共五期,合订为精装本一册。

中国地方志协会副会长、浙江省地方志学会会长、浙江省社科院原副院长、省地方志办公室主任魏桥先生于 1982 在《中国地方史志》第三期发表了《方志学家余绍宋》一文,促成了方志界对余绍宋学术成就的关注。魏桥先生对余绍宋于民国初年撰成的《龙游县志》及抗日战争艰苦环境中完成的《重修浙江通志稿》给予如此评价:

余绍宋的修志精神可嘉；

余绍宋修成的志书可钦；

余绍宋的修志方法、修志理论可鉴。

录自鄢卫建著，香港文汇出版社 2009 年 3 月版《木铎集》。

近代方志学的经典之作

——写在通读民国《龙游县志》之后

劳乃强

自己虽然长期在龙游从事县志和文史工作，说来惭愧，却一直未能完整地通读民国《龙游县志》。今年因主持该志的标点重印，才得以不止一遍地读完全志。于是，也就有了些感受和体会。

作为一部名志，民国《龙游县志》颇受各方重视，各种评价文章甚多。特别是梁启超先生，在该志序言中，从对方志学的贡献和在方志学上地位的角度，把余绍宋（越园）和清代著名方志学家章学诚（实斋）做观照性评价，认为"无实斋则不能有越园""然有实斋不可无越园"，还归纳出余绍宋先生编这部志书的十点长处。

本文不准备过分执着于前人的评价论述，仅从资料的角度入手，对这部名志做些剖析，谈谈自己对于该志在资料处理上的一些长处和特色的感受和体会。因为资料是志书的主体内容，从资料这一关键因素入手，比较切题，也容易扣准实质。

一、关于资料的搜集和考证

1.增加门类丰富资料

《氏族考》的设置，确实为民国《龙游县志》增色不少。表面上看，这好像是一个体例问题，实质上却关系到志书资料的丰富和使用价值的增加。《氏族考》共2卷，记载全县83姓430族的源流、变迁、盛衰、代表人物、谱牒编修等内容。为了保证资料质量，余绍宋还定有必须载录的标准内容：

"凡氏族必冠地名,重其所居也。亦有冠以郡望者,从其谱也。来自何处、何年始迁必详记之,重其所始也。同宗异派或分迁者,则汇记之,明源流也。同姓不宗,则以迁来先后为次,别新旧也。族中知名人有可考者,择要记之,著其为望族也。谱之卷数必纪,创修谱者必纪,重修年份必纪,氏族所重,重在谱牒也。"(民国《龙游县志·叙例》。以下凡引自《叙例》者,不再注明。)正是由于增添了如此翔实的氏族资料,为了解龙游、研究龙游提供了一个全新的视野和参照系。从方志学上讲,还弥补了旧志重事不重人,重代表人物不重人物群体,重人口统计不重人口迁徙变化的缺憾。

除《氏族考》外,其他如在《风俗》中增加"谣谚",在《实货考》中增加"物价表"等,道理一样,不一一枚举。

2.重视资料的完整性

民国《龙游县志》卷八是《都图表》,这也为余绍宋所首创。作为基层行政单位,志书中均有都图的记载;但内容多是笼统记载全县共几个都、几个图而已;最多也不过是再具体地罗列某乡有几个都、各都有几个图,以及都图的名称。

《都图表》却以自然村为主体,分为八个栏目:"一、二两格表其所属都图,第三格表其所属之区,第四格为地名,第五格为距城里数,第六格为上通何处、下达何处,第七格为居民大概,第八格为备考。"第一至第六格,在很大程度上弥补了未用新式地图的缺陷。第七格和第八格的设置更是考虑周详。"居民大概一格所以记其原居之氏族为何,今日盛衰何似,客姓移来者必载,他姓兴代者必载,客姓人数之多寡之有可稽查者亦必载,期与《氏族考》互征,以窥氏族变迁之大凡。""凡不及五户之村,有本为大村而因水火兵灾致衰落者,亦有新立尚待发展者,今载入备考,以征他日兴废之迹。其本有某村今已废绝者,及村址迁徙或村名有改易者,亦载之,藉为考古之助。"地方志不但是供人们"看"的,更是供人们"用"的,资料的完整与否也在很大程度上决定着志书的质量。以此而论,《都图表》的八项内容,比"都图"的一般记载,在资料容量和资料的互相配套及使用功能上都有很大发展。另外又如津渡,一般也只记载渡名,而该志更记载其距城里数、所在何乡、所渡何溪,从而保证了该项内容的完整性。

3.资料的严格考证

其中一个突出表现是对旧志资料的处理。当时余绍宋手头的旧志资料有以下一些:明万历壬子《龙游县志》、清康熙《龙游县志》,还有清光绪年间和民国八年两次议修而未成的采访资料汇编(分别称为《旧采访》和《续采访》)。余绍宋在"先贤著述,原当尊重"的同时,对于两旧志"所载与《浙江通志》、嘉靖《衢州府志》、天启府志、康熙府志异同者,如可考证,则以考证者为主,而注明其异文;其无可考证者,以多本相同者为主,不尽依两旧志也"。对于旧采访资料,则"均加考订重行撰次,事求详实"。

如自然灾害,往往国史有记载而县志中无,或县志中有而国史中不见记载。对此,余绍宋一定要找到有关旁证材料后才决定取舍,如当时人的诗文著作,邻县的有关资料,省志、府志的相关记载等。可见其资料处理上的严格和认真。梁启超在序言中说他"以平恕之心衡量前人,既不盲从,亦不轻慢,旧志舛者订之,可存者采之,一经甄冶,转成璆琳",确是的评。

4.坚决的删和谨慎的留

对旧志的一些不良积习,余绍宋是深恶痛绝的,所以对有些资料内容他一再强调决不采用:涉及堪舆之术的,一律删去;"八景图"等图经旧套,削而不载;无业绩或事涉荒诞的人物,决不入传;"割股疗疾"事,不入人物传。试想如不把上述内容删去,则民国《龙游县志》价值如何?

但对于一些经考订而否定的资料,余绍宋却不是简单地一删了之。这些资料当然进不了志书的主体和正文,于是有的通过夹注的形式予以保留,有的在考证性论述中得到了保留,有的则散见于卷首的《叙例》等论述之中。这其实也是珍视资料的表现,因为这些资料毕竟有一定的参考价值,个人的考证也难免有粗疏之处,以适当形式保留这些资料,不失为一种"舍而不弃"的稳妥之举。

二、关于资料的编排和表述

1."三书体"的发展

方志分立三书,是章学诚在方志学上的重大贡献。但有清一代,真正采用"三书体"的志书并不多,倒是余绍宋编的民国《龙游县志》,实现了这一体裁的最后完善。该志的主体由《志》《丛载》《掌故》《文征》组成。《志》包括通纪、地理考、氏族考、建置考、食货考、艺文考、都图表、职官表、选举表、人物传、列女传等,是志书的主体部分。"古迹、寺观虽无关弘旨,然足以资观感警贪顽,不可删也,因别为《丛载》;其前人轶事足资佐证及怪异足资谈助者,亦入之。"《掌故》则收录"一县文教民生所关至切"的 16 组档案文献。《文征》"意在佐本志之参证,辑金石之要略,兼以存散佚之遗文",收录了大量富有资料性的诗文和碑刻。如此结构,确为完整的"三书体",方方面面的资料也有分有合,各有载录之处。

余绍宋还定《志》为正志,其余三部分为附志,"正志为志之本,务求峻洁,以符史例;附志为志之附录,不妨广收以免遗漏;期于相辅而行,不使偏废。"有了主次之分,使资料收录有了"峻洁"和"广收"的不同标准,处理资料也就增强了灵活性和合理性。经余绍宋的发展,"三书体"已臻完善之境。

2."以纪为纲"的实现

以"纪"为全志之纲,由章学诚在他的《修志十议》中最早提出。但他在实践中却跳不出"皇恩浩荡"的窠臼,以"皇言""恩泽"为《纪》的内容。这些内容不但起不了提纲挈领的作用,就连其本身的资料完整性和价值功能也成问题。

余绍宋对《通纪》的作用有明确的认识:"意在为考、表、传之经,故专重一县之大事,汇而纪之,使二千年来情事萃于一帙。不唯全书若网在纲,亦足为知人论世之助。"目的和作用既明,记载内容也自然明确:"水旱饥馑必纪,战事必纪,兴学设校必纪,修志必纪,革除稗政必纪。"可见作为大事纪,民国《龙游县志·通纪》的编辑意图和选材标准是扣牢"以纪为纲"目的的。理论上的正确,保证了编辑实践的成功。

3.完美的《艺文考》

旧志"艺文"部分的体例和内容随意性很大,问题甚多。为摒除多年积弊,余绍宋对民国《龙游县志》的《艺文考》很花一番功夫,做出较大改革。

一是明确内容。只载录县籍人士的书籍著作,把诗文篇什移于《文征》;非龙游籍的历任官员等的著作如《宦绩略》有传,则在传中介绍,无传者载入《丛载》。这就避免了"艺文"部分或者如同文选,或者收录对象混乱的弊端。

二是按时间先后排列。过去喜欢把县人著作分经、史、子、集四部编排,并把妇女和僧道的著作别列闺秀、方外名目殿于最后。如此分类栏目标准不统一,也有歧视妇女和方外人士的倾向;而且一县著作有限,硬分为四部也难免勉强。改为一律以时间为序,查找方便,而且文学盛衰的大势眉目也清楚。

三是附以必要的背景材料。"各书为他书所著录而有解题或提要者，悉录以备考，间加考证。其新旧采访所得绍宋曾读其原著者，则以鄙见略为提要。"如此处理，便于了解各著作的内容、版本、编撰情况、价值和影响等，给予后来的研究者很大的方便。

4.别具一格的卷首和卷末

相对于志书的主体，民国《龙游县志》的卷首和卷末也具有实质性内容，是整部志书不可或缺的组成部分。而它们的叙述语言却又服从于内容的需要而各具特色。

卷首《叙例》，是一篇道道地地的方志论文，语言也是一论到底。分别阐明有关的编纂目的、编纂原则及相应的方法、立场、观点等理论问题。由于是集中论述，作为修志者，能系统、透彻地表达自己的修志理念；对于读者，也便于全面、完整地了解相关理论问题；对于志书本身来讲，由于"述学之旨具见《叙例》"，因而有利于主体部分的"洁净精微"。

卷末《前志源流及修志始末》，记叙各次修志(包括修而未成的)概况，并用以事系文的方法汇编各旧志的序跋以做佐证，从而完整地勾勒了本地的修志史，实际上成了该志的"地方志考"，并避免了通例将序文汇载于卷首从而造成冗长、沉闷、难以卒读的积弊。

5.夹注的妙用

志书讲究志体的严整和志文的规范，但在实际操作中，又会遇到一些绕不过的问题，有的不宜入志但又不能舍弃，有的是应该入志但又无合适的门类。对此，余绍宋往往采用夹注的办法解决。这些夹注的作用主要有以下一些：①考证和辨析；②背景介绍；③必要的说明；④保存一些难以归类或不能正式入志的资料；⑤适当的议论。比如对于地方官，余绍宋主张"美恶并书"，但功劳业绩可载于《宦迹略》，劣迹却无相应的门类，于是便不得不借助夹注。这里不妨抄录几段夹注，供大家品味：

> 元定字季通，建阳人，即蔡沈之父，治《尚书》有盛名，为朱熹所敬服。得此文知夏僎治《尚书》之渊源，真绝好史料也。
> 蹈规之文仅存此篇，尤应存录，两旧志不载，何也？
> 泰享学行可传，而两旧志均失载，盖两旧志于元代文献最所忽

略,湮没者不知几许矣。

篇首云"龙游不能无贾游,然亦善以书贾",由今观之,真不胜今昔之感矣。

严嵩康熙志则称"元辅严介溪",不知何故必为此辈奸佞讳也。

本县矿山现时虽未开采,他日必以兴利请者,系此以为将来借鉴。

军书旁午之秋,乃能有此逸兴,足见名将风流好整以暇。

不难看出,强调志体的严整和"述而不论",并不能机械,用夹注形式做适宜的补充和点评,很有必要。成功与否还得看编纂者本身的学养和分寸的把握。

三、关于"历史局限性"问题

提出这个话题,是因为准备对《龙游县志》中所反映出来的余绍宋的修志思想(也就是人们常说的"史识")问题做点探讨。"历史局限性"是一个微妙的话题,有时,这是一顶帽子,扣到任何人头上都难以抵赖。有时却又成了一句遁词,轻飘飘一笔带过,就创造了一个无差别境界。因此我想绕过这一话头,从一些具体问题着手。

1."士族"和"氏族"

氏族入志,首倡于章学诚,但"实斋欲贵世族,……故其作《士族表》,必有生员以上始录之"。而余绍宋作《氏族考》的目的是"将以探吾一县古今异同得失之原,而求其所以然之故"。这是因为"一地文化之优劣、人才之盛衰、风俗之良窳、食货之荣悴胥与氏族变迁有息息相关之理"。

不难看出,章学诚创《士族表》,仍囿于世家望族的成见,用意还是为了宣扬封建的门第观念。而余绍宋的《氏族考》却如梁启超所说那样,"其功用则抉社会学之秘奥,于世运升降隆污直探本原"。"士族"和"氏族"一字之差,反映在思想观念上的差异却不能同日而语。但因种种原因,民国《龙游县志》所收氏族资料还不够全,这也有损于《氏族考》的使用功能。现代方志学家傅振伦先生批评其"缺略甚多",是有见地的。

2."烈女"和"列女"

有人批评该志宣扬封建礼教,其中主要证据就是列女部分人数特多

(1234 人)。得出这一结论的前提是:旧志收录妇女,无非烈女节妇,宣扬三从四德的纲常礼教。那么事实是否如此? 不妨做些具体分析。

民国《龙游县志》有关妇女传略部分有《列女传》《节妇略》《烈女略》《列女别录》4 部分。余绍宋明白"贞烈一事今世颇多非议"的道理,之所以入志,他的目的有二:一是为保存资料,以免"忠孝节义多死于文人手笔";一是考虑到在漫长的封建社会,节烈行为大多"出于自然,非尽由于强致",所以不主张将节烈之事完全否定。

出于上述考虑,余绍宋规定"凡贞女不嫁或为未婚夫守节,兹编除两旧志所录者外(这是为保存资料),未敢滥收"。对于该部分主体的《列女传》,他则一改万历壬子志的"贞烈"和康熙志的"烈女"标题。"烈"和"列"一字之改,内容的侧重点得以扭转,收录妇女范围大为扩大,不少妇女就因才学、善举、义行等而入志。附带说一下,在民国《龙游县志》的其他部分,也很注意妇女资料的收录,如《艺文》《文征》等还略降低标准"亟存之"。在《风俗》的"陋俗"部分,就有"生男则育,生女则溺""锢婢""视元配为儿戏,以结缡为敝屣"3 条与妇女有关条目。

为人诟病的原因在于《节妇略》《烈女略》《列女别录》3 部分,人数也多在这一部分(共 1140 人)。这当中有很多仅列一个名字,从资料角度讲,这些资料有无入志价值也确实可以商榷。

3.畲族入志

收录畲族资料的主要有两处,一是《风俗》中以"畲民风俗"为附录,二是在《氏族考》最后附以畲族。分别收录了有关通婚、服饰、劳作、交往、祭祖、丧葬、婚礼等风俗和畲族迁县历史、现存人数、家谱等情况。资料均为采访所得,记述公允平实,没有什么可挑剔之处。

在《叙例》中,余绍宋对畲族入志有一段论述:"畲民本属异类不必入志,今因其迁来已久,人数亦繁,杂居乡间与齐民渐通婚媾,前清嘉庆间亦经浙抚阮元咨准一体应试。则虽出自蛮夷岂宜鄙视?"品味此中之意,并综合该志对畲族资料的处置,我有以下 4 点看法:①能将畲族资料入志,难能可贵;②以客观真实资料入志,尤为重要;③作为附录是为了体例的严整;④作为附录不仅仅是体例问题,也有"观点"问题。

4.重文亦重经济

重人文而鄙薄经济,是旧志的弊端之一。余绍宋却以为"利用厚生之道不可不讲"，这在该志《食货考》中体现最为明显。如对于物价，他认为"物价之低昂系于民生习俗者最大，旧日修志家侈言高尚恒不屑道，故方志中无及之者，实大惑也"。他专门查考近60年来的价格，编成《物价表》，以便"世变之亟可知，民生凋敝亦可征矣"。

对传统的重本抑商观点，他持反对态度。明清之际，世称"龙游商帮"的龙游人商业团体异常活跃，享有"遍地龙游"之誉，但康熙志对此不以为然，认为"积习可慨"。对此，余绍宋在相关夹注中说："遍地龙游之说久不闻矣……昔人日以地瘠民贫为忧，而又轻商贱贾以鸣高尚，此愚所最不解者。"愤激之情溢于言表。

5.关于本文的题目

民国《龙游县志》成书于1925年，其时余绍宋寓居北京，该志也编成于北京。当时的北京新文化运动正如火如荼开展，如提倡白话文，提倡科学和民主，以风俗和方言调查为主的北京大学歌谣研究会也已成立。以这样的文化背景观照这部志书，难免给人一种缺少新意的感觉。

从客观上讲，该志下限为宣统三年辛亥革命成功为止，内容基本上是旧志中常见的那些，这就决定了该志的体例框架不可能也没必要做全新的大调整。正如余绍宋所说："修志原不以时代为限断，今以改革后一切政制与前代迥殊，而时会所趋，变迁尤未可量，若强为纳入，则枘凿不通而全书体例乖矣。"这样讲也是符合当时实际情况的。我在题目中将该志纳入"近代方志学"范畴，很大程度上也从这方面考虑。

从主观上讲，余绍宋先生如果当时对新事物态度更积极一点，感受更敏锐一点，这部志书即使成不了新式地方志的发轫之作，总可以成为从旧向新的过渡之作。但实际上，这部志书总体上讲是极大地完善了旧式志书，因而成了旧式志书的关门之作，近代方志学上的经典之作。而且还留下了诸如未设方言志、未用新式地图、未采用经纬度表达地理位置、妇女和畲族部分处置还欠妥当等缺陷。另外，在文字上本来也可避免使用一些过于深奥冷僻的词汇，对太平军的称呼和记叙也可平和一点、中性一点。

有必要说明的是，我把民国《龙游县志》划入旧志范畴，并不认为余绍宋先生是旧式的方志学家，因为他的修志实践并不限于此。而且就是在民国《龙游县志》的《叙例》中，他对于方言志和新式地图等的作用已有正确论述，并以未采用为憾。另外，在他后来发表的一些方志文章（如《答修志三问》等)中,对民国《龙游县志》的一些不足之处多有新的认识和阐述。作为一位方志学家,余绍宋先生是不断调整,随时代前进的。

录自《浙江方志》1999 年第 5—6 期。

重读《寒柯堂诗》小识

刘衍文

（一）

今年是先师余越园绍宋先生诞生百二十周年，故乡除前已将先师主编的《龙游县志》改用简体字标点排印外，承龙游县政协夏希虔兄电告，县政协文史委员会拟将《寒柯堂诗》用简体字标点重排，并请他和劳乃强兄负责点校，这当然是使我感到十分兴奋的。但今日整理《寒柯堂诗》，当依整理古籍通例，搜集集外之作以成全璧。闻台湾重梓之本已补入佚作，我们岂可不事采辑；又先师的《宋诗集联》，颇具特色，似亦宜附载于集后。于是即向希虔兄做出以上建议，得来电说已蒙采纳；又说经与先师文孙子安世兄联系，他希望我再写一篇序言。我说，过去我不是已写过一篇《校读〈寒柯堂诗〉删定本书后》吗？希虔兄和子安世兄都说，时移世改，已快一花甲了，应该有许多新的感触可写吧。我则认为，欲为序冠于诸老辈序前，未免唐突僭越，只敢再一次识于书末，聊以一伸积愫罢了。

说来我阅读先师的诗集，前前后后，已不知多少遍了。但这次再作通读，则感触尤多。我注意到凡为先师作序作评诸胜流，以及诗中所提及的相识或不相识诸公，今已一一作古。诵定公《秋心》诗"新知触眼春云过，老辈填胸夜雨沦"，不禁叹息弥襟，不能自已。我自幼多病，又困厄频遭，居然至今尚能视息人间，且尚可为先师诗集附骥再作赘言，以温旧梦，不可不说是大不幸之中的大幸了。

以下我想再就先师及其诗集说说我和他的师生之谊及文字因缘。

（二）

当年校读先生诗集的情况，大致已如我《校读书后》所叙，我保留了好些先生原来准备删去的好诗，并且仿刘辰翁、纪晓岚的评点方法为许多诗做了批注；又仿元遗山《论诗绝句》例，对《河坑杂兴二十四首》逐首写了绝句加以论列，并以七律一首总论其诗的思想性和艺术性。先生在这些诗句的草稿上批了几个字说："实获我心。赐可以言诗矣。"并签署了姓名和年月日，还慎重地加盖了印章。从这句批语里可见，我虽没有行过拜师大礼，先生确认我是他的学生。

这些评语和诗论，原来都打算印到《寒柯堂诗》中去的。可是由于当时的印刷技术实在太差，且用以付梓的钱又少得可怜，所以就无法刊印进去。在诗集即将问世之际，先生就告诉我："很遗憾，你所用的心思白费了，没法排进去，真可惜。你看怎么办？"我说："既然如此，我写的《书后》中'其他诸点，因篇而施，散见卷中，兹不具论'这几句话，就应当一并删去了。"先生略加考虑说："不，我看还是原封不动让它留着吧。读者看了，能够知道这里面有文章，去查批注却又找不到，就自然而然会去推究原因的。"

果然，在上海就有一些爱好旧诗的人，读了先生的诗集以后纷纷来问我："为什么具体的评论一点也找不到呀？"

我的评点不能随书印出，当时自然觉得十分遗憾，其中所写，时隔久远，今已回忆不起了。少时之见，也许偶有隽语可观，但也可能有颇逞稚嫩之处，而其中那些胆大妄为，所谓"初生牛犊不畏虎"者甚至会成为笑柄也很难说。不过不管怎样，这一段谈艺论学的往事还是令人不能忘怀的。

校读先生诗稿的那段时光是我创作的旺盛期。我一边工作，一边在东南各大报刊发表文章，撰写《雕虫诗话》。笔耕所就，经过十年浩劫，几已全部散失，唯《雕虫诗话》尚残存十分之四，今已见收于张寅彭教授主编的《民国诗话丛编》，其中颇有记述先生谈其诗作的命意之处，虽不够完整，倒还不失做研读先生诗集的参考之用。目下若要我对先师诗作重做评价，颇觉有些力不从心。不过我在1985年余绍宋研究学会成立前后，在长子永翔协助下，所写的《越公〈与客谈诗漫成二十二绝〉笺》尚可弥补这一缺陷。此文曾发表在《余绍宋》一书内，可惜鲁鱼亥豕太多，几难卒读，今特加补订，以飨读者。

（三）

余绍宋研究学会是 1985 年在我和唐家仁兄的倡议下得到县领导的支持而成立的。筹组期间,曾陆续印发了七期《余绍宋研究通讯》,我一连写了四篇文字,在《衢州市文史资料》又发过一篇;其中两篇有子安世兄的批注,我都一一照录,并稍做修订,收于拙作《寄庐染笔》中。

我由于多种原因,惮于外出开会,但余绍宋研究学会的成立,我不能不去。那时交通不便,购票为难,到处托人,历尽劳顿,终于得以成行。会议在 1986 年 11 月 17 日正式召开。

在会议期间,晚年难得吟咏的我居然写了一些诗以志观感。为省叙事篇幅,兹录于下:

余绍宋研究学会正式成立感赋

予忝为先生门弟子,今已垂垂老矣。四十余年来,叠雁屯剥,几难以为生,致有负先师昔日之期许。际兹盛况,喜愧交并,漫成四绝,不足言诗,谨聊以明志云尔。

剧喜今朝盛会开,小春十月正阳回。郑虔三绝千秋少,神品何堪尽劫灰!

先师书画,窃意以暮年所造最为神妙,惜传者悉已散失。今若凭早岁中年所幸存者而论,固不足以窥先生之高也!

恨于诗画忒无知,追悔空余秉烛时。纵得鲁戈真在手,亦难起舞报先师。

衡文那得胜刘、章,溢誉频加讵敢当!叹息飘蓬九生死,白头依旧一庄荒!

先生以衍文诗文皆不善作,作亦徒费力,而独称评论诗文有只眼,尝以力超刘彦和、章实斋为勉,誉溢其量,所望过高。及今思之,爽然、黯然而叹息者久之。

幸得而今集众贤,必多才彦着先鞭。不惟青史光潜德,佳话犹堪万古传。

前诗既成，意犹未尽，复集《寒柯堂诗》句为二绝以志感

何幸犹存自在身！先生去后更何人？修名未立真惭负，老健徒伤负好春！

犹得追随翰墨场，久居渐与俗相忘。江山何处非吾土，莫向崦嵫叹夕阳！

参加余绍宋研究学会与父老及少年时代同学
约聚于鸡鸣文物公园举行笔谈联欢感赋四绝

溪流改尽旧时波，老大还乡感慨多。 同学少年前日事，相逢双鬓各成皤。

予三十六载未曾返里，昔日帆樯林立之观音溪、衢港，今悉不能通航矣。

桑梓情深欲报难，屡劳书札促归鞍。他乡留得乡音好，来与龙丘父老欢。

予全家寓沪，全讲龙游话。龙游，古名龙丘。

何期墨妙见微名，历历当年鸦荐情。惭愧师恩终莫报，中宵起坐泪纵横！

于余绍宋陈列室得见香港《大成杂志》阮毅成先生回忆文字中，有复制推荐本人函札多件。

倚天一塔自崔嵬，岩木森森碧水回。少小鸡鸣山下住，者番不是梦中来！

（四）

及会后返沪，上海诗词学会有编纂《上海近百年诗词选》之举，本人亦参与筹划。我选入先师诗二题，所有详注之语，原来都不注明何人所作。后主编认为较重要之言，悉应标出名姓。遂于《挽袁伯夔四首》后附拙评云：

《落花诗倡和集》，昔尝见之。各家赋诗，皆系亲笔书写，诗书可称二妙，且装帧亦极精致。所赋《落花》各为七律八首，皆是次韵奉和，实为讥叹汪兆铭附逆而作，不同历代各家之自悲不遇也。惜今已不可得见矣。（见百家出版社1996年版111页）

因入选作品限于与上海有关之故，先师的其他好诗都只能割爱了。即《落花诗八首次韵和袁巽初伯夔》，格于体制，亦只能点到为止，未容附载。但我在昔年初读时有一段掌故却可一说：初见先生和诗时，由于不明用意，尝进言云：古来咏落花者甚多，类皆自伤不遇之词，实已早成窠臼。倘无新意，不作可也。于是先生始出示诸家和作，并示以微意所在。由此可见，倘不得作者之用心，解诗难免隔靴搔痒。先生于民族大义，毫不含糊。汪精卫之妻陈璧君在龙游十里坪的农场，曾误为侨产保存，经先生提案责问后始作为逆产没收；但对于汪逆本人，先生与诸耆老人士，却未免都有几分怜才之意。今观其诗，有"也知美景难常驻，却怨苍穹太薄情""津迷绝境忘来路，花近高楼怯上台。细柳新蒲偏作态，怜君摇落动吾哀"等语，矛盾复杂的心理，至为明显，若不经点出，谁又能知之！若知其命意，则字字句句，不难窥测。又先生诗之尤难明其奥义者，莫如《河坑杂兴》之三，幸拙著《雕虫诗话》（残稿）卷五尚记有先生自述之意，今一并录下，以为读先生诗者之一助：

《河坑杂兴》之三云："大乱居宜僻，危机任远空。风雷皆帝试，礼乐不吾攻。岩峭疑天窄，云深觉岭崇。菊躬能独诣，吾道岂终穷！"公尝为衍文等诵之，曰：此言避空袭也。"风雷"句喻投弹，而归之天帝，讽空防之不备；"礼乐"句叹道德之不修，而责之自身。刺当局之失教，可谓微而显，婉而成章矣。

（五）

近人提及先师之诗者，有汪辟疆先生《光宣以来诗坛旁记·黄晦闻》一节，主要记黄节（晦闻）与先师的交谊，大致系录《寒柯堂诗》卷一《读亡友黄晦闻〈蒹葭楼诗集〉漫成有感，率题二律，殊未尽所欲言也》及诗中自注重加组织而成，其后加识语云：

越园初不作诗。丁丑秋七月,中倭战起,余氏转徙避寇于遂昌、丽水、龙泉诸县之间,而以居□□之沐尘为久。其时令氏有母,年逾九十,尚在衢州,家国之感,乃始以诗写之。虽非其至,然即此已难能矣。有《寒柯堂诗》四卷,皆丁丑迄癸未七年间之作,约六百余篇云。(见《汪辟疆文集》574—576 页)

于此可见汪先生是翻检过先生诗集的,但未免过于走马看花,致生谬误。《寒柯堂诗》开卷题下即署"龙游余绍宋",诗中提及龙游沐尘者多矣,乃竟不知沐尘之县属而以空框代之。且诗实迄于乙酉(1945 年),本人校读,即始于此年,至丙戌(1946 年)五月,始作校记,而汪先生说是"迄癸未"(1943 年),竟少算了两年。云和大坪,乃先生在沐尘后居住最长之地,亦即浙江省通志馆在抗日战争中的馆址所在,汪氏竟未提及。如此愦愦,而欲知人论世,岂可得乎?

先师早年虽以法政出仕,以方志名家,然在中晚年,诗书画三绝之誉,实更籍甚当时。先师专意从汤涤(定之)先生学画,已在三十三岁的中年;刻意为诗并出以示人,则更在战乱频仍的晚年。但不能因其起步之迟早遂断其成就之大小。陶篁村曾说:"与诗近者,虽中年后可以名家;与诗远者,虽童而习之,无益也。"(见《随园诗话》卷四)定公诗云:"虽然大器晚年成,卓荦全凭弱冠争。"做任何事,根基都当得在小时打好,至其成就之大小,又得视其性之近与不近。先师原出书画世家,少小即已耳濡目染,随后又深受其表伯梁鼎芬(星海)的开导与熏陶,对书画的认识与鉴定,对诗派源流的感受与剖析,早已旁通融会,高下在心;再加上自己的潜心钻研,又与当时各大名家交往切磋,兼之性之所近与所好,自然能高屋建瓴,自成绝唱。

我于书于画于诗皆属外行,既不能书又不会画,诗也写得不好,但看得多了,所谓"千赋能赋,千剑能剑","能"虽谈不上,然而多方比较,得失却可稍有领会。深感先师的"三绝",实有互相依倚贯通之处。民国时《东南日报》上介绍先生的书画通启,中有"其作画如作字,气韵天成,命笔在蹊径之外",及其自言用写章草的笔法画竹云云,已经略示端倪,可让人进一步去探索。唐代的"郑虔三绝",我们今已无从知其究竟。若书自书、画自画、诗自诗,各呈面目,互不相关,那也没有什么希罕。按诗画相通之说,原初创自宋之苏轼(子瞻);以八法通于画法则悟创于元之赵孟頫(子昂),而柯九思(敬仲)继之。嗣后自明之唐寅(伯虎)、李日华(君实)以下都各有所会心与独诣,且俱能益之以学,所以能各极其妙。至于先师的诗书画,在风格、情趣与韵味上,却是"一以贯之"的。其通贯之奥秘,全在气质的同一性,也就是说这三者之间,都有同一个"我"在;这我,是多方面的深厚教养、艺术修养和长期的阅历所造成的,它是一个有独特个性、独造风格和别致气韵的我。所以,先生书画的伪作,当时通志馆同仁中不少人都能一望而知,实由于耳熟能详,故仅凭直觉,也能识别。

先师生前,自以为书第一,画次之;黄荫亭先生则认为先师诗名书名为画名所掩。实则仁智之见,原不必硬分高下的。袁思永所说不当于诗中求诗的话,实深获我心,今试略广其意以论先师之诗:先生七古诸作,类巨幅山水,又类所书狂草,皆是韵藏气内,即以气为主,而韵流其间。唯得气则不疲软,有韵则不粗犷;若五律诸作,变化有如画竹,又似小幅行草,则是气藏韵内,即以韵为主,而气注其间。唯有韵则饶风致,有气则不稚弱。其他五古、律绝,则或似小幅山水,或似梅柳兰桃,亦如正隶行楷,任性所之,或萧疏而神清,或洒脱而雅健,皆气韵潜流,故令人见而神往。我尝见其画一长条古松,钤杜甫"天下几人画古松"闲章,其松粗直壮伟,不以曲姿取媚,树干两侧,点缀少许枝叶,真所谓动人情趣不须多,而神韵凑泊,几一扫板滞单调孤寂之态。一如其七古之一韵到底,其能让人观而不厌者,亦唯以"气""韵"流走、相间得体故耳。必知此意,而后可赏先生之书画,可读先生之诗。这是我少日《书后》中未曾涉及的。

至于林宰平先生指摘其诗没有气韵,当是专指《庚辰瑶》《庚申之际闲谣四章》等诗而言。这是有意效法白香山《新乐府》《秦中吟》诸作而写的,旨在讽喻,意在普及,故用浅俗之俚语以广流传,原无法以气韵的美学观一例绳之。倘以偏概全,以为先生之所重,即为先生之所长,那就不得其要领了。先师原与白氏有异代同心之感,其所以不为时之所重,观白氏《与元九书》之愤慨,自可不言而喻。

(六)

这里我附带还想说说先师的《宋诗集联》。

考"集句"之作，原始于晋之傅咸。宋代石延年、王安石、孔平仲都喜为之。流风所被，及于明清的戏曲。如汤显祖的《牡丹亭》、洪昇的《长生殿》等，其下场诗几乎全用集句，而且一律集唐。这些集句，从严格意义上看来，均不够规范。如有时为了表达的需要，会对前人的诗句加以更改，有时一首诗竟会从同一人诗中采及两句。集句作得最为严格而又出类拔萃的，诗有清初黄之隽的集唐《香屑集》，词有清朱彝尊集诗为词的《蕃锦集》。他们都能如苏轼所说的"指使市人如使儿"，即能由我支配，反映自己的真实思想感情，且具有饱满的形象，所谓"俯拾即是""著手成春"者是也。故《四库提要》亦称之。可以说集句是我国文学所特有的式样，不容忽视。集句之作，近人为之者颇众。如集定庵曾一时成风，我亦尝效颦，拙著曾略加登载。据我所知，集句中最不可忽视、也极为难得的还有两书，可与黄、朱二书合为"四美"。一部是清绩溪汪渊时甫集宋元人词而成的《麝香莲寸集》四卷，又补遗一卷，其妻休宁程淑绣桥校注，流传不多。黄侃（季刚）先生得而宝之，秘不示人，近始由台湾联绎事业公司刊行问世。还有就是先师的《宋诗集联》一书。可惜此书未曾公开发行，极为难得。前得先生赐赠，早付劫灰，今幸得附载于诗集之后，实使我数十年耿耿于心者得如愿以偿，亦足宽慰老怀矣。

或者有人以为，《集联》的对仗未必工帖，殊不知宋诗派之论诗，于律诗之对仗原忌过于工巧。如方回《瀛奎律髓》卷一评李群玉《登蒲涧寺后二岩》颔联"洞有尧时韭，山余禹日粮"即云：

> "尧时韭""禹日粮"之对工矣。诗忌太工，工而无味，如近人四六及小学答对，则不可兼。必拘此式，又为昆体。

这些批评曾得到纪昀的极度赞许，因为太工即巧即俗，这是读《宋诗集联》所当知晓的传统诗学观点。

《宋诗集联》虽是先生一时遣兴之作，实亦先生忧患余生之所寄。其时两浙诸老，以其所为集联或抒情，或谈艺，或有所勉，或有所规，拟议变化，无施不可，皆好而宝之，故或铭座以自悬斋壁，或择宜而书赠他人。即至今日，亦可为书法家临池时所选用也。

（七）

在先师健在之日,据我们所知,很多有识之士,先于先生逝世者,如梁任公、黄晦闻等自不必说,后于先生逝世者,如陈锡钧(伯衡)师、宋慈抱(墨庵)师,再如陈敬第(叔通)先生、马叙伦(夷初)先生,较年轻的还有罗家伦(志希)先生、阮毅成先生等,早就肯定先生为一代必传之人。然而意想不到的是,先生归道山不久,政治上就遭到不公平的处理,声誉上也受到不应有的冷落。但真正有成就和有所作为的人,原是客观的存在,是万万抹煞不了的。举例来说,远如宋之姜夔,《宋史》未为立传;近如钱锺书先生,中华人民共和国成立以来大陆所编的现代文学史,几乎全都无视其人其书的存在。然而他们的确都能"不假良史之辞,不托飞驰之势,而声名自传于后"(借用魏文帝《典论·论文》语);先师比之于两贤,寂寞身后,更其不幸。但一时的得失实在也算不了一回事,陆游在《何君墓表》中就写出了他阅世的警策之言:"论久而后公,名久而后定。"(见《渭南文集》卷三十九)历史毕竟是会做出最确当的评价的。最近先师被推居为浙江一百名人之列,虽然这不过是追认了既成的事实,总还是一个良好的开端吧。而先生诗集的重印,则从又一侧面证明了其诗艺的生命力。作为一名弟子,能够两次为先生的诗集撰写书后,至感荣幸。少时的下笔粗疏既为先师生前所宽容,晚年的老手颓唐想也不会为先师的在天之灵所峻拒。谨拉杂写下以上的一些感想,作为我对先师永恒的纪念。

2002年10月龙游弟子刘衍文敬识。

录自刘衍文著,汉语大词典出版社2004年11月版《寄庐茶座》。

越公《与客谈诗漫成二十二绝》笺

刘衍文　刘永翔

先师越公这二十二首诗,是属于论诗绝句一类的作品,也就是用七言绝句的体裁来表达作者诗歌美学观的文字。这种别具一格的文艺理论和文艺批评方式,创始于杜甫的《戏为六绝句》,后来用七绝来论诗、论文、论书、论画的,便接踵而起,迄今不衰。其中最有名的,当推元好问的《论诗绝句三十首》了。采用这种方式的好处是具有概括性和艺术性,但弄得不好,却容易词不达意,索解为难。即以最有名的杜甫和元好问之作来说,从各家诠释的歧异之多、聚讼之久来看,也就可见一斑了。尽管如此,这一种样式还是为我国人民所喜闻乐见,因此得以广泛流传,普遍采用,从来不曾中断过。

先师这二十二首绝句,作于庚辰年(1940 年),正值抗日战争的第四个年头,时年五十有八。先师那时避寇沐尘,蒿目时艰,忧国忧民,有感即发。正是在同一时期,曾写出了自己极为重视的《庚辰谣》。我们必须注意到这种特殊的历史背景和社会环境,才能更深入地探索先生诗学观和诗艺观的由来。

先师在发抒这些诗论观点的时候,衍文尚就读于浙江省立衢州中学,所以未得与闻。但后来在随侍之际,尝与先生论学谈艺,特别是最后受先生委托决定其诗稿的取舍时,先生兴到时亦有所论列。可是当时由于未及笔录,年久失记,至今印象已较模糊。今加笺释,当时所闻于函丈者只能就记忆所及述之了。诗中的典故出处,悉由永翔查核;诗意的诠释,则两相商酌而定。文字或用语体、或用语录体,或短或长,唯意之所适,不遑论其工拙矣。

予不能诗，客有强之与谈者，因书以为诗，聊记一时感想，其未谈及者不与焉。非予论诗之全体也，故词无诠次。

以上是序言，说明写这二十二绝的起因。固然此非先生论诗的全体，但主要的诗学观却也大体可见了。

说"词无诠次"是作者的谦辞，只是说它不像正式专著或论文那么具有严密的系统性和逻辑性。我们并不能因此而把这二十二首诗看成是杂乱无章堆垛而成的。因为这原是组诗，组诗总是要经过一番编次梳理工夫的。

这些皆易理解。可一开头说"予不能诗"，对此也许就要产生疑问了：既不能诗，何以又要以诗来论诗？又何以还要刊刻诗集？这岂不矛盾吗？要是说"词无诠次"只是自谦，还说得过去；而竟说"予不能诗"，岂不显得过分矫情吗？

殊不知这正是先师微意之所在。因为余先生平居雅不欲以文人和诗人自命，尝屡引顾亭林语说："一为文人，则其人不足观矣。"又尝屡屡说起，有好些人常以诗人自诩，或自我陶醉，或互相标榜，早已失却作诗的本意了。像这种人，还能算得上真正的诗人吗？他们写出来的东西还能称得上是真诗吗？此意在下面的第一首诗里已经表达得够明确了。为惩此失，故特意味深长地说"予不能诗"，这不过只是说我的诗与某些以诗人自命者所作的诗不同而已——岂真不能诗乎，实耻与为伍也。清代中末叶大诗人郑珍亦尝有"我诚不能诗"之句，可见这说法并非先生一人之故作狡狯。考清姚鼐姬传《荷塘诗集序》亦有相类相近的说法："古之善为诗者，不自命为诗人者也。其胸巾所蓄，高矣、广矣、远矣，而偶发之于诗，与之为高广且远焉。故曰善为诗也。曹子建、陶渊明、李太白、杜子美、韩退之、苏子瞻、黄鲁直之伦，忠义之气，高亮之节，道德之养，经济天下之才，舍而仅谓之一诗人耳。此数君子岂所甘哉！志在于为诗人而已，为之虽工，其诗则卑且小矣。余执此以衡古人之诗之高下，亦以论今天下之为诗者。使天下终无曹子建、陶渊明、李、杜、韩、苏、黄之徒则已，苟有之，告以吾说，其必不吾非也。"（见《惜抱轩集·文集四》）可用以参解。

　　诗原言志本心声，不为求知不为名。《三百篇》中皆好手，何曾标榜以诗鸣！

　　从诗序的说明中已可明此绝的作意。现特以《三百篇》即《诗经》为例以明其意。按袁枚《随园诗话》卷七云："《三百篇》不著姓名，盖其人直写怀抱，无意于传名，所以真切可爱。今作诗，有意要人知，有学问，有章法，有师承，于是真意少而繁文多。予按三百篇有姓名可考者，唯家父之《南山》，寺人孟子之'萋菲'，尹吉甫之《嵩高》，鲁奚斯之《閟宫》而已。此外皆不知何人秉笔。"

　　语意与先生大致吻合。

　　先生意与原诗之旨，虽本之言志，但综观其大体，实亦秉承诗"一名三训"之说，以针砭远离现实的诗风。

　　"诗言志"之说，最初见于今文《尚书·尧典》。"志"之初义，据近人闻一多《歌与诗》一文考证，原有记忆、记录、怀抱三种意思。但随着社会的进展，后来记录遂专属之于史，记忆则指便讽诵、志不忘，但此记忆也并不为诗所专有，这在章学诚《文史通义·诗教下》就有所见及而详为之叙论了。

　　经此转折，"诗言志"之"志"的含义，自必有所增损，故汉时司马迁作《史记》，于《五帝本纪》遂改作"诗言意"，《滑稽列传》和《太史公自序》又都称"诗以达意"。可见"志"即是"意"。随后《诗·大序》于志之说又补充了新解，即所谓"在心为志，发言为诗"，"情动于中而形于言"，才能算作"诗"。至"言之不足"，而"嗟叹咏歌""手舞足蹈"等等，虽说明了诗与音乐、舞蹈的三位一体，但这些由言所引申出来的声音和动作，是都可以包括在诗的范围之内的。这样，诗的所谓"志"就不单有"意"的概念了。它指的不是一般的志向和抱负，也不是笼统的意志和命意，而是专指"情志"或"情意"这一特定的范畴来说的。

　　以志训诗，愿为求诗之真；真之于诗，是第一义的。诗能任志之所之，真谛即在"发乎情"，于是诗就能达到"兴、观、群、怨"的目的。就创作方法而言，现实主义和浪漫主义是当然可以两相结合而交互为用的。

　　后人顾虑到言"志"之诗，恐其趋向于单纯发泄之一端，于是就有了训"持"的修正与补充。《诗纬·含神雾》云："诗者，持也。"言"志"之说接近于放纵，而言"持"之道，要求的是收敛。对于情志来说，不唯要求"发乎情"，而更着重在"止乎礼义"。所谓"温柔敦厚"的诗教于是就产生了。就创作方法来说,现实主义的创作方法逐渐向古典主义这一方面倾斜。好处是得以克服低级趣味的弊端,防止了诗的"淫""伤""怒""乱",但战斗性、反抗性却因而削弱了。西欧哲人论诗说:"愤怒出诗人。"而我们中国呢,《管子》上恰巧有一句话和他们针锋相对,叫做"制怒莫如诗"。然而言"志"与言"持",虽相反而实相成,我们决不能片面地把它们看成是诗歌理论上所谓的两条路线之争,也不能机械地认为是现实主义与反现实主义的对立观点。

如果说言"志"之训,真谛在真;则言"持"之训,关键在正。然而"正"恰是应该于"真"中去求的,若离开真,就无正可言了。为求正而失真,那是后来的诗人和解诗者之失,与古代以"持"训诗者的初意无关。

由言"持"之说推演扩充出来的是"承"。《礼·内则》说负子之礼云:"诗负之。"注:"诗之为言承也。"《仪礼》云:"诗怀之。"怀亦承也。以承训诗,美刺之说遂兴,这就强调了诗的思想性、政治性和积极的现实意义,但是却把诗的内容、诗的表现范围,集中到了至狭至小之地,然而正统派的诗人和诗论家,却把它看作金科玉律,认为这才是诗的真正的求正之义。这也就是说,诗之能承,诗始由艺而进入于道。

孔颖达《毛诗正义》曾概括地做出总结说:"作者承君政之善恶,述己志而作诗,为诗所以持人之行,使不失坠,故一名而三训也。"

越公论诗,以言"志"为本,故尚性灵;以"持"为法,故重"温柔敦厚"的诗教;以针砭政治得失为心,故时以"美刺"之"承"为用。

风雅从来观教化,温柔敦厚耐人思。石屏一语针蒙昧,要做人间有用诗!

首两句已见前解。石屏,宋戴复古号。《石屏诗集》卷七有以"邵武太守王子文日与李贾、严羽共观前辈一两家诗及晚唐诗,因有论诗十绝。子文见之,谓无甚高论,亦可作诗家小学须知"为题的论诗绝句,其五云:"陶写性情为我事,留连光景等儿嬉。锦囊言语虽奇绝,不是人间有用诗。""锦囊"云云,虽用的是李贺作诗的典故,但这里不专指李贺的诗,而是泛指一般词华富赡却不切实用的作品。

其实论诗要讲实用,并不自戴复古始。从汉人说《诗》,一直到梁刘勰,唐陈子昂、白居易等,都有这种观点,下逮清沈德潜于此途更加以强调。袁枚于《小仓山房文集》卷十七《答沈大宗伯论诗书》中加以反驳说："至所云诗贵温柔，不可说尽，又必关系人伦日用。此数语有褒衣大袑气象，仆口不敢非先生，而心不敢是先生。何也？孔子之言，戴经不足据也，唯《论语》为足据。子曰'可以兴''可以群'，此指含蓄者言之，如《柏舟》《中谷》是也。曰'可以观''可以怨'，此指说尽者言之，如'艳妻煽方处''投畀豺虎'之类事也。曰'迩之事父，远之事君'，此诗之有关系者也。曰'多识于鸟兽草木之名'，此诗之无关系者也。仆读诗常折衷于孔子，故持论不得不小异于先生，计必不以为僭。"

当代谈文学的作用，除认识作用、教育作用外，还特别注意到娱乐作用和美化作用。若一例求之、一类取之，专注意于"实用"或"日用"，自未免过于拘泥，诚如陈子长际清先生在卷首所评。但当知先生居于国家民族危急存亡之际，救亡心切，忧世心焚，遂有"系于苞桑"之虑，焉能有暇旁及其他！所以我们才认为不论其世，不足以论其人，亦不足以论其心，更不足以论其说诗之旨。至于特引戴复古语为喻，并不是先生不知于戴氏早有同样的观点，而是由于在这特定的场合，这句话最宜用于诗论。因为用诗的形式来论诗，长篇学术专著的语言是不适用的。

唐音宋理元丰致，下逮明清格遂卑。赖有亭林作砥柱，生平不作等闲辞。

这首诗概括而又集中地表明了作者对唐以来诗的看法。于唐诗，拈出一个"音"字。但其所谓唐，并不是指唐诗的全部，当是专指唐诗中最突出的盛唐之诗。盛唐之诗，声宏气盛，音调铿锵，且能于音中求韵，不同明七子的枵响，先生之取法唐音，即在于此。于宋诗，特讲一个"理"字。宋诗主理，这本是后代的公论，可谓人尽皆知，但也有以理为是的，也有非难其理的。先生少壮时，初受其表伯梁鼎芬（星海）的开导，即与同光诸诗人游，其时虽不多作诗，但受影响颇深，故于宋诗之理，是持肯定意见的。但其所谓宋诗，也不是指宋诗的全部，而是专指以黄庭坚为首的江西诗派，却也兼及邵雍诸人。先生写古诗，又颇以苏轼为法，认为宋诗言理，足以济唐人重音之穷，而唐人之音，又足以救宋人重理之哑。

后代于元人之诗，多所不取。先生独识其丰致之妙，这是与人持异之处。明李东阳《麓堂诗话》云："宋诗深，却去唐远；元诗浅，去唐却近。顾元不可为法,所谓'取法乎中,仅得其下'耳。"若就丰致与韵味而言,唐与元是比较接近的,而韵味与说理之间,唐之与宋是大相径庭的。但李东阳虽知其异同之大略,唯见其失,而不见其得,也未免是"一曲之士"。而余先生于此,却能取其精而遗其粗,在扬弃前人的创作成果上,是能得其要领的。

"下逮明清格遂卑",并不是把明清之诗一笔抹煞。先生于明高启之诗,亦有偏嗜。甚至对黄景仁、张问陶之诗,也表示过一定的好感。不过却认为这些人的诗,还包括龚自珍在内,都是不可学而学不得的,学了会伤性乃至损寿。在旧的传统观念中原有这一种说法。据郑朝宗教授记述,钱锺书先生的诗风之转变,就是受到了前辈陈衍的教导所致(见 1983 年第一期《读书》中《但开风气不为师》文)。余先生的看法,与陈衍的大致相同,所以不以衍文的诗作为然,因衍文于清诗最有好感,诗作亦从兹入手。关于这一命题,我们曾在《品人与品文》(见《古典文学鉴赏论》上编第六章)一文中有较详的论述。

余先生对明清诗风的总的论断,是在于"格调"的不高。这个看法却是能尽其概括之功的。衍文在民国三十五年(1946 年)五月《校读寒柯堂诗删定本书后》一文中写道:"窃谓诗教自明而下,每下愈况矣。明七子多空洞肤廓之词,公安、竟陵多纤巧孤峭之调;王渔洋惑于神韵,才力又薄,袁才子有才力矣,惜乎格调不高。唯吴梅村用三唐之音,写当时身受之沉痛,颇得风人之致,但词藻华艳,遂失古雅,故仍不足媲美前贤。"基本上就是秉承这一种说法而写的。说是"诗教",实兼"诗格"而言。但"诗格"固是一事,而诗风之各有独诣,又当是另一回事。诗格之趋而愈下,与社会风气、时代变迁原有很大关系。亦"无新变不能代雄"的必然规律,与其守而不失,宁失于此而得于彼为妙。唐诗之妙,正在不守汉魏之旧而能创新;清诗之妙,亦不在继承而不失坠,而恰好在能有自己独特的诗风。其时衍文尝以此管见上陈,先生亦颇予首肯,谓此足阐其"有我"(见下首)之说云。

先生独赏顾炎武亭林之诗,其时实有"异代同心"之感。因为亭林之诗,诚如汪端《明三十家诗钞》所谓:"其诗凭吊沧桑,论多激楚,茹芝、采蕨之志,《黍离》《麦秀》之悲,渊深朴素,真合靖节、浣花为一手。"先生当日寇入侵之时,虽尚无亡国之哀,而金瓯残缺,铁骑纵横,逃难播迁,疮痍满目,亦庶几近之矣。又光绪时路岯撰《徐嘉顾诗笺注序》有云:"曩学诗于代州冯鲁川先生,先生诲之曰:诗不可苟作,托兴风月,寄情山水,于世道人心毫无补益者,曾不若盲词俚曲,尚有裨风教也。间以当代诗家优劣为问,先生曰:牧斋、梅村之沈厚,渔洋、竹垞之博雅,宋元以来亦所谓卓然大家者也,然皆诗人之诗也;若继体风骚,扶持名教,言当时不容已之言,作后世不可少之作,当以顾亭林先生为第一。"

先生既雅不欲以文人、诗人自居,作诗取旨,遂与亭林有铜山洛钟之应,则独重昆山,即无此序开其先河,亦必有异代同心之契也。

诗家原与画家同,平淡天真见化工。纵使委心摹古法,也须有我在其中。

苏轼有诗云:"诗画本一律,天工与清新。"(《书鄢陵王主簿所画竹枝二首》之一,见《苏东坡前集》卷十六)先生亦云:"诗家原与画家同,平淡天真见化工。"这都是指文人画而言的。先生为文人画,简淡高妙,气走韵流。不仅题诗、题识、题款处成画,即空旷、未尝着笔墨处亦饶有画意。先生晚年之行草,疏密错落,纯以神行,亦以诗画合一之意而用之于书法,又以章草之笔意渗入其画,而各得其秀逸与天趣,都全是天籁化工的产物。其论诗则重性灵;性灵之诗,未有不主于平淡中见天真者。唯其能淡,性才不可掩,灵始得以现。这是先生之画论通于诗论之处。但画亦有与诗异趋的一面。苏轼《书摩诘蓝田烟雨图》(见《东坡题跋》卷五)云:"味摩诘之诗,诗中有画;观摩诘之画,画中有诗。"这尚是同中求异、异中求同之说。至明张岱,则更进一步明确指出:"若以有诗句之画作画,画不能佳;以有画意之诗作诗,诗不必妙。""可以入画之诗,尚是眼中金银屑也。""有诗之画,未免板实,而胸中丘壑,反不若匠心训手之为不可及也。"(均见《琅嬛文集》卷三《与包俨介》)则谓诗之与画,当各有职司,不可混而为一。

我们则认为:诗不必皆有画意,有画意之诗,特诗中一格耳。缩小范围来说,有画意之诗,其可贵处并不在如画,而在有画意却非画所能表达,这才是最妙之画。若两可相代,则其一可废,又何必并行而传乎?莱辛《拉奥孔》仅以画传静态、诗抒动态之别以见两者之各擅其能,尚属皮相。衍文曾举《红楼梦》四十八回香菱论诗语为解,并进一层言,谓"渡头余落日"之"余"字其意固难描,若"长河落日圆"之"圆"字,初看岂止"太俗",简直多余,然予人印象特深。若移以作画,画一"圆"的"落日"易,而画一为"长河"衬托出的"落日"之"圆"的"意境"与"神韵"实难,此即非画所能宣代之妙谛也。先生韪之,即属以此意笺写于诗后。原文若何,今已不可得,兹但记其要旨笔之于此。

诗中要有我在,所谓我者,个人之真实性情与风格是也。凡言诗主性灵者皆主有我。按清吴乔《围炉诗话》卷一云:"问曰:先生每言诗中须有人,乃得成诗。此说前贤未有,何自而来?答曰:禅者问答之语,其中必有人,不知禅者不觉耳。余以此诗中亦有人也。人之境遇有穷通,而心之哀乐生焉。夫子言诗,亦不出于哀乐之情也。诗而有境有情,则自有人在其中。"此说最受赵执信之推许,具载《谈龙录》中。实则顾炎武《日知录》卷二十一《诗体代降》条已有模仿"不似则失其所以为诗,似则失其所以为我"之语。后袁枚《续诗品·着我》中更申说云:"不学古人,法无一可。竟似古人,何处着我?字字古有,言言古无。吐古吸新,其庶几乎?孟学孔子,孔学周公,三人文章,颇不相同。"张问陶《船山诗草》卷九《论文八首》之七亦云:"诗中无我不如删,万卷堆床亦等闲。莫学近来糊壁画,图成刚道仿荆关。"后郑珍《巢经巢诗集》卷七《论诗示诸生时代者将至》又云:"我诚不能诗,而颇知诗意:言必是我言,字是古人字。固宜多读书,尤贵养其气。气正斯我有,学赡乃相济。李杜与王孟,才分各有似。羊质而虎皮,虽巧肖仍伪。从来立言人,绝非随俗士。君看入品花,枝干必先异。又看蜂酿蜜,万蕊同一味。"姑杂选抄录前人论诗"须有我在"之渊源所自,以供参稽。

悠然孤往动遐思,脱手空灵不自知。始识陶公高绝处,来从独饮寡欢时。

此谓陶诗的自然、自如与自得也。按陶诗的高妙,粗心看过,殊难有赏识者,所以钟嵘《诗品》不以为重,列为中品。陈沆《诗比兴笺》引《太平御览·文部》以其原属上品,孤证恐亦未必可靠。估计其所见乃清鲍崇城的翻刻本,而不知陶潜二字,实翻刻者所增,盖未及细考所致。杜甫直至晚年,始知陶谢之不可及。因《江上值水如海势聊短述》云:"为人性僻耽佳句,语不惊人死不休。老去诗篇浑漫与,春来花鸟莫深愁。新添水槛供垂钓,故着浮槎替入舟。焉得思如陶谢手,令渠述作与同游。"(见《杜诗详注》卷十)苏轼也是到了晚年,才有味乎"陶谢之超然"(《书黄子思诗集后》,见《经进东坡文集事略》卷十),而有专和陶诗之作,领会到它"外枯而中膏,似淡而实美"的"枯淡"特色(见《东坡题跋》卷二《评韩柳诗》)。自有这些新的发现以后，陶诗的地位才被大大提高，至明宋濂，遂直称其"天分之高"，"究其所得，直超建安而上之，高情远韵，殆犹大羹克铏，不假盐醢，而至味自存者也"（见《宋文宪公全集》卷三七《答张秀才论诗书》）。

越公晚而工诗，几读遍古今人之诗作，遂亦同有此感。"独饮寡欢"，指的当是陶潜的《饮酒》诗，其自序云："余闲居寡欢，兼比夜已长，偶有名酒，无夕不欢。顾影独尽，忽焉复醉。既醉之后，辄题数句自娱，纸墨遂多，辞无诠次，聊命故人书之，以为欢笑尔。"按越公乃假借其诗序之意，用来总括其诗，所谓以部分表全体者是，此处并非单论《饮酒》组诗之妙。

热肠迸出伤心语，不事雕锼见性情。无病呻吟终不类，好诗多自乱离生。

出于至性真情之诗文，自不可与无病呻吟者同日而语。然有至性真情者，未必即有感人肺腑之辞。若不好好组织修饰，亦未必得也。所谓"不事雕锼"者，不是说"不要雕锼"，而是以"雕锼"出之，却不见"雕锼"之"迹"耳。王安石《题张司业诗》云："看似寻常最奇崛，成如容易却艰辛。"（见李壁《王文荆公诗注》卷四五）其意可味。

唐韩愈于《荆潭唱和集序》曾谓："夫和平之音淡薄，而愁思之声要眇；欢愉之辞难工，而穷苦之言易好也。是故文章之作，恒发于羁旅草野。"（见《韩昌黎先生全集》卷四）宋欧阳修乃于《梅圣俞诗集序》中申述之云："予闻世谓诗人少达而多穷。夫岂然哉！盖世所传诗者，多出于古穷人之辞也。凡世之蕴其所有而不得施于世者，多喜自放于山巅水涯，外见虫鱼草木，风云鸟兽之状类，往往探其奇怪；内有忧思感愤之郁结，其兴于怨刺，以道羁臣寡妇之所叹，而写人情之难言。盖愈穷则愈工，然则非诗能穷人，殆穷者而后工也。"（见《欧阳文忠公文集》卷四二）

今先生云"好诗多自乱离生"，则比欧阳公又进了一层。因欧公观感所及，只是个人的潦倒穷愁和数奇不遇，而越公则把他的视线投到了广大的社会与整个时代，则其现实意义就更要普遍一些，影响就更深远一些。这既是先生那个苦难的历程给予他的切身感受，也是他细味杜陵诗的艺术而后获得的启迪。

"诗穷而后工"，"好诗多自乱离生"，就某一特定的历史环境和个人生活来说，是有相当道理的。因为一个时代或一个人的艺术成就，不仅仅只是由于一定的社会文化积累，有时还是一定生活条件下的社会矛盾的反映。曲折的生活道路和动荡的时代风云最能使人看深看透复杂而多样的世态，也最能使人认识和理解处世的真谛和应该选择的道路。

但我们却也不能执而不化，认为升平之世就写不出好作品，人们生活好起来，"不穷"就不"工"了。甚至认为要造就大诗人就得先让他穷，欲求伟大作品问世就得先让社会乱。逆定理是不能运用的。生活始终都是丰富多彩的，时代和社会总的来说总是向上、向前发展的；文学艺术也总是会愈出愈佳，而且一定能后来居上的。社会发展和文学艺术的发展有时不一定能平衡，但不见得永远不平衡。再就我们的历史前景来说，天下一家的大同之世当然是我们的理想和愿望，谁还想再来个第三次世界大战？谁还想再来个第二次"文化大革命"？难道非那样不可才能有伟大的创作问世吗？所以我们说，若执其一端，不知变通，就会泥之而入魔的。读韩、欧诸公之论，不能不注意及此；读越公此诗，亦不能不注意及此。

何人作俑赋香奁，托体卑微措语纤。好色不淫徒借口，裙裾脂粉太詹詹。

宋严羽《沧浪诗话·诗体》云："香奁体，韩偓之诗，皆裙裾脂粉之语，有《香奁集》。"葛立方《韵语阳秋》卷五云："韩偓《香奁集》百篇，皆艳词也。沈存中《笔谈》云：'乃和凝所作，凝后贵，悔其少作，故嫁名于韩偓尔。'今观《香奁集》有《无题诗序》云：'余辛酉年，戏作《无题诗》十四韵，故奉常王公、内翰吴融、舍人令狐涣相次属和。是岁十月末，一旦兵起，随驾西狩，文稿咸弃。丙寅岁，在福建，有苏暐以稿见授，得《无题诗》，因追味旧时，阙忘甚多。'予按《唐书·韩偓传》：偓尝与崔嗣定策诛刘季述，昭宗反正为功臣，与令狐涣同为中书舍人。其后韩全海等劫帝西幸，偓夜追及鄂，见帝恸哭。至凤翔，迁兵部侍郎。天祐二年，挈其族依王审知而卒。以《纪恸图》考之，辛酉乃昭宗天复元年，丙寅乃哀帝天祐二年，其序所谓丙寅岁在福建，有苏暐授其稿，则正依王审知之时也。稽之于传与序，无一不合者。则此集韩偓所作无疑，而《笔谈》以为和凝嫁名于偓，特未考其详尔。"今按曾慥《类说》引范正敏《遁斋闲览》，谓和凝之《香奁集》乃浮艳小词，或凝又别有《香奁集》行世也。后凡属以艳语写闺情者皆谓之香奁体。继世有作，以王彦泓次回《疑雨集》、孙原湘子潇《天真阁艳体诗》（即《天真阁全集》之后四卷而梓之别行者）、陈文述颐道《碧城仙馆诗钞》及托名王彦泓作的《疑云集》最为风行。沈德潜选《国朝诗别裁》，不选王彦泓诗，袁枚有《再与沈大宗伯书》诘之，书见《小仓山房文集》卷十七。《随园诗话》卷一中则谓"沈亦无以答也"。但袁却不知沈早在其书的《凡例》里已经有了回敬："诗必原本性情，关乎人伦日用及古今成败兴坏之故者，方为可存，所谓其言有物也。若一无关系，徒办浮华，又或叫号撞搪以出之，非风人之指矣。尤有甚者，动作温柔乡语，如王次回《疑雨集》之类，最足害人心术，一概不存。"诗识不同，有如是夫。又陈文述于晚年编定《颐道堂全集》时，将《碧城》中诗十九删去。然外间流行，反远胜其全集，故后亦悔之而特为之开雕重刊。又梁绍壬《两般秋雨庵随笔》卷五《无题诗》条云："无题诗与香奁诗，界若鸿沟。李义山之诗，无题诗也；韩冬郎之诗，香奁诗也。盖无题之什，不必尽写情怀，而香奁之篇，则竟专作腻语。至闲情风怀，则指实事矣。"此亦可备一说。

先生论诗，即以诗教为重，自目香奁为郑声而须"放"，这是可以不言而喻的。

属对停匀俪事工，西昆艳体解难通。我惭腹俭安从学，自写胸怀付太空。

西昆体是北宋初年之诗歌流派，由杨亿官秘阁时与刘筠、钱惟演等唱和之诗，后编定为《西昆酬唱集》而得名。《四库全书总目提要》谓"其诗宗法唐李商隐，词取妍华，而不乏兴象，效之者渐失本真，唯工组织"，论断比较公允。但自惠洪《冷斋夜话》始，即混李诗而入西昆。严羽《沧浪诗话·诗体》遂称："西昆体，即李商隐体，然兼温庭筠及本朝杨、刘诸公而名之也。"元好问《论诗绝句》："望帝春心托杜鹃，佳人锦瑟怨华年。诗家总爱西昆好，独恨无人作郑笺。"则径以李商隐作为西昆体的代表。虽有张冠李戴之误，但若论其典故之堆垛，诗情之隐晦，则虽不中亦不远矣。历代于西昆之作诋毁颇多，而于李商隐诗，嗜者独众。到清初虞山冯舒、冯班，始加提倡，其友人吴乔注义山《无题》诗，名曰《西昆发微》，惜多附会之说，未可信从。近王仲荦教授有《西昆酬唱集注》，颇可一读，其书对后人评斥西昆体内容贫乏之武断，亦多有纠偏匡正之功。

先生之于西昆，但病其典多意晦，而颇称其修辞之美。亦犹"诗家总爱西昆好"之意。昔在浙江云和，先生于薛元燕好楼之诗文，誉不绝口，而薛先生之所作,实自西昆而入,即此亦可做旁证。尝闻多人聚谈,有人提起"妙人儿倪家少女"之离合格为"绝对",薛信口即答云:可对"何女子好楼可人"。以人、女二字互对,亦捷才也。薛先生后不详何往,亦未见有何书问世,特记此逸闻,以作越公爱才之一徵。至"自写胸怀"者,即本言志之旨,亦崇尚性灵之一端也。

摹唐范宋竞夸张,风雅凌迟比兴亡。但重修辞轻命意,何殊木偶被冠裳。

西昆之失在意晦,而非无意也;摹唐范宋,但主格调,则轻其命意矣。故先生于单纯模仿之作,皆不屑一顾,若与西昆体比,则等而下之,不可同日而语也。

清吴乔《围炉诗话》卷一云:"明之瞎盛唐诗,字面焕然,无意无法,直是木偶被文绣耳。此病二高萌之,弘嘉大盛,识者只斥其措辞之不伦,而不言其无意之为病。是以弘嘉习气,至今流注人心,隐伏不觉。习气如乳母衣,纵经洗涤,终有乳气。人之惟求好句而不求诗意之所在者,即弘嘉习气也。"语虽为专斥明七子而发,评骘不无偏激,顾就其立论之要以言,论模仿之病,及其习气之难以涤尽,实中肯綮。设喻命意,与先生大体相同。

叹老嗟卑信可憎,思归慕隐亦羞称。游词习语催人睡,未及终篇已不胜。

此首诗意,先生屡与人谈及。谓作诗大忌,穷则嗟卑,达则慕隐,蹉跎则叹老。虽此亦是人之常情,但不必多见诸篇什,且游词习语,绝无胜言,人不欲观,又何苦多此一着!按陆游《岁暮》诗有云:"已无叹老嗟卑意,却喜分冬守岁时。"(见《剑南诗稿》卷六)然话虽如此说,或此竟是诗人"一日之志"(袁枚《再答李少鹤书》,见《小仓山房尺牍》卷七),乃一时之感触所致。实则放翁之诗,举凡"叹老嗟卑"之语触目皆是,"岁暮"时容或暂时无之,而平居多有。只要不是无病呻吟,其亦无害也。而放翁之诗篇章繁富,嗟叹而外,又每梦必诗,且多有誉儿之癖,屡见亦使人厌倦,不唯重句之夥颐,受讥于后人也。

本无寄托漫成章,应让渔洋胜擅场。绰约风姿流丽句,千篇一律便

平常。

此论清王士禛诗之失也。士禛，字阮亭，号渔洋山人。论诗主神韵，其诗高华明丽。袁枚后起，于其论诗多所指责，认为神韵"不过诗中一格耳"（《随园诗话》卷八）。又为《论诗绝句》云："不相菲薄不相师，公道论诗我最知。一代正宗才力薄，望溪文集阮亭诗。"则仅议其才力之薄，而固推其为"一代正宗"也。窃谓袁枚论阮亭才力之薄，当指其不善古诗而言。若论其近体之病，则先生之说得之。我们合著的《文学的艺术》中尝有论云：

"有些诗歌，不大读诗的人看起来，声色格调件件皆全，似乎形象是很鲜明的。但若稍多涉猎一些后，就发觉到那些东西，全是各式各样的架子和套子；不然，就是一些似曾相识的陈词滥调。这些东西，看了只能使人厌倦发笑，决不能使耳目一新。所以，这种诗是谈不上形象的鲜明性的。

"这种诗病，有些大诗人也是常患的。李梦阳读何景明的诗，问他：'百年、万里，何其层见而叠出也？'（《李空同全集》卷六十一《再与何氏书》），这固可不必说，即被称为清诗'一代正宗'的王士禛，其集中虽的确有不少诗是值得我们借鉴的，但其中落套之作可也很典型。他到各处游历，先翻检各种地方志书作为导游，游后作诗吊古伤今起来，不是说'不见'什么，便是'有''剩有''唯有'什么；语句虽小有变化，而公式和格式却只有一个。简直可称'王不见'了。"（见该书 76 页）另尚可详参拙著《雕虫诗话》卷一 453 页及卷二 513 至 514 页（《民国诗话丛编》第六册，上海书店出版社）。

此或可为先生之论更进一解。

《铜瓶》《蕃剑》有深思，不是寻常弄巧辞。堪笑效颦夸体物，了无意义斗妍蚩。

此谓咏物诗之物必有深意而耐人思也。《铜瓶》《蕃剑》，皆杜甫作。《铜瓶》诗云：

> 乱后碧井废，时清瑶殿深。铜瓶未失水，百丈有哀音。侧想美人意，应悲寒鹜沉。蛟龙半缺落，犹得折黄金。

仇注："《铜瓶》，有感兴废也。"《杜诗镜诠》引黄白山曰："因铜瓶思美人,因美人思瑶殿,注意在太平之时,不可复见耳。如此诗乃可当沉郁顿挫四字。"

《蕃剑》诗云:

> 致此自僻远,又非珠玉装。如何有奇怪,每夜吐光芒。虎气必腾上,龙身宁久藏?风尘苦未息,持汝奉明王。

仇注:"《蕃剑》,不忘用世也。"顾修远注:"剑可靖乱,惜时无知者。丰城狱底,秦州旅次,同一感慨。"施鸿宝《读杜诗说》云:"今按此诗,通首喻言,必实有其人。首句'致此自僻远',或生远郡下邑者。次句'又非珠玉装',乃谓其素无闻誉。《杜臆》谓其貌不扬,又谓不烦装饰,皆非。第二联,则言其才之莫掩;第三联,则言其遭际有时;末二句,则因济世需人,而并有不能推荐之慨。……注但云'不忘用世',若公自喻,非也。《杜臆》谓为以貌取人者发,亦非也。"

按清沈德潜《说诗晬语》卷下云:"咏物,小小体也,而老杜《咏房兵曹胡马》则云:'所向无空阔,真堪托死生。'德性之调良,俱为传出。郑都官《咏鹧鸪》则云:'雨昏青草湖边过,花落黄陵庙里啼。'此又以神韵胜也。彼胸无寄托,笔无远情,如谢宗可、瞿佑之流,直猜谜语耳。"又袁枚《随园诗话》卷二云:"咏物诗无寄托,便是儿童猜谜。读史诗无寄托,便成《廿一史弹词》。虽着议论,无隽永之味,又似史赞一派,俱非诗也。"则充类至尽,尤耐人思。

厌读人间酬应诗,不关美刺只谀辞。人生出处真难料,莫使他年失悔迟。

以应酬为诗,失诗之道矣;以诗谀世媚人,尤为先生所鄙。故特于此大声疾呼,痛加针砭也。

吴乔《围炉诗话》卷四云:"诗坏于明,明诗又坏于应酬。朋友为五伦之一,既为诗人,安可无赠言?而交道古今不同,古人朋友不多,情谊真挚,世愈下则交愈泛,诗亦因此而流失焉。《三百篇》中,如仲山甫者不再见;苏、李赠别诗,未必真。唐人赠诗已多,明朝之诗,惟此为事。唐人专心于诗,故应酬之外,自有好诗;明人之诗,乃时文之尸居余气,专为应酬而学诗,学成亦不过为人事之用，舍二李何适矣。"按此尚是言应酬诗泛滥无谓之弊，尚未及先生之穷其病源也。今犹记十年浩劫间，有数名流，日以贡谀四凶为乐，劝进之不足，更献以篇章，累牍连篇，丑态毕露。而于冰山倒后，则摇尾乞怜者有之，反诉其遭受迫害者亦有之，而人多嗤之以鼻，甚有面责其过者。数子者遂以此闷死，即未死者亦销声匿迹，多时不敢露面矣。尝有感于其事，辄吟"人生出处真难料，莫使他年失悔迟"之句，仿佛预为此辈而作者，为之一叹。

运典原来贵自如，泯然无迹始蹰躇。搜奇炫博虽华绚，何苦劳人检类书！

此论作诗用典之方，侧重反对以僻典入诗。于此一途，我们合著的《文学的艺术》于《炼意》一节尝附论用典及其它，可以参看。文长不备录，姑撮其有关要点如次：

"典最好不用，不得已而用之，最好也应该有如古人常说的撒盐水中，但知盐味，不见盐粒——这当然很理想，可是却不容易做到。有时候不用典，简直很难把事理和感情表达出来。有时盘根错节，万语千言说不清的东西，一用典，就可以一语破的。有些典，当时用了，是不成其为典的，可是随着岁月的飞逝，就非注莫明了。又如哈姆雷特、浮士德、高老头、罗亭、奥勃罗摩夫、阿 Q 等等典型人物，现在是常常作典故来用的，已经有普遍性了，自可不注而明。

"方东树主张'用典须避熟典，须换生'，又主张'隶事避陈言'（《昭昧詹言》一），……这就使创作走上了魔道，其实方东树立论的根据还是在黄庭坚。按魏泰《临汉隐居诗话》中就说过：'黄庭坚喜作诗得名，好用南朝人语，专求古人未使之事，又一二奇字，缀葺而成诗。'……但黄庭坚只在创作上深下功夫，到方东树，则就在理论上加以提倡了。后来有些诗人，就遵循着这一原则去做的。如沈曾植和樊增祥的诗，尽管他们的诗风极其不同，但好用僻典、僻事和奇字则完全相同。他们的诗，简直在存心要人看不懂或不能全懂。试想这还有什么意义呢！"（见 213—214 页）

兴来步韵本无妨，讵可专攻诩擅长！不是做诗成做韵，愚山俊语未为狂。

　　按步韵即次韵。陆游《渭南文集》卷三十跋吕成叔和东坡尖叉韵雪诗云："古诗有倡有和，有杂拟、追和之类，而无和韵者。唐始有之，而不尽同。有用韵者，谓同用此韵耳。后乃有依韵者，谓如首倡之韵，然不以次也。最后始有次韵，则一皆如其韵之次。自元白至皮陆，此体乃成，天下靡然从之。"考《洛阳伽蓝记》卷三《城南》载王肃入魏，舍故妻谢氏，而娶魏献文帝女，其故妻寄以诗曰："本为箔上蚕，今为机上丝。得路遂腾去，颇忆缠绵时。"其继室代答云："针是贯线物，目中恒任丝。得帛缝新去，何能纳故时。"皆按丝、时之次以和，当是步韵之始。

　　又按步人之韵曰次韵，步己之韵则曰叠韵。清宋长白《柳亭诗话》卷三十《叠韵》云："叠韵始于韦庄《和薛先辈初秋寓怀二十韵》，凡三见。韩偓《无题》亦三首，其一首系倒押。自宋以后，势若履豨矣。"

　　愚山，清施闰章号，其语见李良年《秋锦山房集·外集》卷一愚山《答李良年函》，内云："早间偶作《春雪》诗一首，倘兴到赐和为望，切勿一一拘韵。近人为韵所限，或碍好诗，直是作韵非作诗耳。何如？"集初虽未收，而颇传诵一时。如吴乔《围炉诗话》卷一云："施愚山谓步韵者是做韵，非做诗。余谓自唐以来，以意凑韵，重韵轻诗者，皆是做韵。"又云："施愚山曰：'今人只是做韵，谁人做诗？'狮子一吼，百兽胸裂。做韵定五字，于《韵府群玉》《五车韵瑞》上觅得现成韵脚了，以字凑韵，以句凑篇，扭捏一上，全无意义章法，非做韵而何？步至数人，并韵字亦觉可厌。古诗不对偶，无平仄，韵得叶用，唐诗悉反之，已是难事，若又步韵，李杜无以见长。"又如王应奎《柳南随笔》卷六亦云："施愚山谓次韵之作，是做韵，非做诗，其言良是。盖所谓做韵者，觅韵脚于《韵府群玉》《五车韵瑞》，广之以《佩文韵府》而止，于是以字凑韵，以句凑篇，勉强牵合，全无意义章法，非做韵而何！陷溺之甚，遂谓次韵之诗，思路易行，又或追用前人某诗韵，连篇累牍，用以自豪，益无谓矣。赵秋谷亦谓次韵诗以意赴诗，虽有精思，往往不能自由，或长篇中一二险字，势难强押，不得不于数句前预为之地，迂回牵就，以致文义乖违，虽老手有时不免。阮亭绝意不为，此可法也。善哉言乎！与施愚山做韵之语，并是今日做诗者药石矣。"

　　然最早反对和韵者，为宋之严羽，《沧浪诗话·诗评》中已有"和韵最害人诗"之语。或特以愚山语较俊爽，遂行之特远欤？先生不以步韵为尚，而认为兴来时亦未尝不可。袁枚《续诗品·择韵》有云："次韵自系，叠韵无味。

斗险贪多,偶然游戏。"意亦犹是耳。

笺诗本以明诗事,征引还须慎取材。莫视篇章同谜语,先怀成见漫疑猜。

自春秋断章赋《诗》,一时蔚然成风。孔子论《诗》,所谓"启余者商""绘事后素",实已先怀成见。后齐、鲁、韩三家《诗》说鼎立,《毛诗》后起,汉班固为《汉书·艺文志》,即断三家皆非本义,又谓毛公之学,"自谓子夏所传",察其语意,亦未以为是。这种看法,可谓独具只眼,而不同经生之拘迂。

然四家说《诗》,相歧虽远,方法则同。比附美刺,穿凿微言,于后世论文谈艺的影响,至今尚非常巨大。

《诗经》的迷雾,今已大致拨开。而那种疑神疑鬼的先验设想,却依然层出不穷,文字冤狱的深文罗织,亦未免因兹而起。

笺诗先怀成见,约而言之,可分三类:

一为穿凿其意。如宋阮阅《诗话总龟前集》卷六引《郡阁雅谈》评析王维诗云:"说者谓王右丞《终南山》诗皆讥时宰,诗云'太乙近天都,连山接海隅',言势位盘踞朝野也;'白云回望合,青霭入看无',言徒有表而无内也;'分野中峰变,阴晴众壑殊',言恩泽偏也;'欲投何处宿,隔水问樵夫',言畏祸深也。"

设当时即有人检举揭发,而时宰又深信之,岂不危乎殆哉!

二为无限上纲。如李壁注王安石《明妃曲》诗,引范冲对高宗语云:"诗人多作《明妃曲》,以失身胡虏为无穷之恨。安石则曰:'汉恩自浅胡自深,人生乐在相知心。'然则刘豫不是罪过,汉恩浅而胡恩深也。孟子曰:'无父无君,是禽兽也。以胡虏有恩,而遂忘君父,非禽兽而何!'"

所幸唐宋两代,文网不若明清之密。不然,安石虽卒,亦不免"枭尸"之诛,且将延及子孙了。

三是附会时事。影射之作,固亦有之,然非所有的诗文小说,事事物物皆是如此。旧红学家之比附,曾经风靡一时,但却经不起检验。笺诗附会时事,当以注李贺诗者为最。钱锺书先生《谈艺录》尝讥之云:"不解翻空,务求坐实,……将涉世未深、刻意为诗之长吉,说成寄意于诗之屈平,盖欲翻牧之序中'稍加以理,奴仆命骚'二语之案。皆由腹笥中有《唐书》两部,已撑肠成痞，探喉欲吐，无处安放。于是并长吉之诗，亦说成史论，云愁海思，学士心目，化而为冷嘲热讽。限于世法常理，初不知韦宗所谓：'五经之外，冠冕之表，复自有人'也。"（详见增订本 45 页）

按于此一端，明末张岱即有妙语，其《琅嬛文集》卷一《昌谷集解序》有云："乃余之解长吉也，解解长吉也。凡人有病则药之，药之不投，则更用药以解药，所谓救药也。药救药，药复救救药，至于不可救药，而病者真死矣。故余之解，非解病也，解药也。夫药亦有数等，庸医杀人，着手即死者无问矣，乃有以偏锋劫剂，活人什三，杀人什七者；有以大方脉官料药，堂堂正正而手到病除者；乃有草泽医人，名不出于里，而以丹方草头药起人于死者；乃有不用刀圭，不用针砭，而第吸其夜半沆瀣之气，而使其自愈者。疗之之法不同，而用以疗病则一。至病一愈，而药与不药等；不一之药，皆可勿用矣，安用救药哉！故徐青藤、董日铸，用劫药者也；吴西泉，用官料药者也；刘须溪，则不可药者也。若余则何居？余则远谢雷公，不问岐伯，服参术多，则用山药萝卜汁解之；服生熟多，则用大黄芒硝解之。道听途说，为一日草泽医人，而病已霍然除矣。故曰：余之解，非解病也，解药也。"

惜后起有人，于此未曾理会，固迄今仍有以射覆当时时事为解者。越公在日，不屑注意明人文字，于明末诗文，尤不在意，其语或未尝见及。然以彼注此，实当更可为论诗绝句更进一解。

承平那识乱离苦，朝市安知山野情？论世知人真不易，休持声病肆批评！

此诗首二句，是说不管论人、论世，还是论诗，都应当设身处地着想，此即儒家所推重的"恕"之要义。又论诗既重言志，兼赅"三训"，前云不得"修辞轻命意"，此亦言不得"持声病"而妄"肆批评"，乃是从两个不同方面反对重形式、轻内容的作风。先生认为专重修辞，过究声病，皆是舍本逐末之举。这同汤显祖《答孙俟居》中所说"正不妨拗折天下人嗓子"，而不愿就律以改曲文的旨趣是一致的。

按持声律论诗，永明体最为讲究，至南宋论词，明代吴江派论曲，愈来愈变本加厉。宋张炎《词源》所载一则，即可知其一斑。兹节录如下，以供佐证：

"先人晓畅音律，……每作一词，必使歌者按之，稍有不律，随即改正。

……又作《惜花春起早》云：'琐窗深'，'深'字不协，改为'幽'字，又不协，改为'明'字，歌之始协。此三字皆平声，胡为如是？盖五音有唇、齿、喉、舌、鼻，所以有轻重清浊之分。故平声字可为上、入者此也。"

清焦循《雕菰楼词话》于此还加以补充说："'琐窗'二字皆商音，又用'深'字，商音则专重，故用'明'字羽音。自商而出乃协。"

"琐窗"之"深""幽"与"明"，相差几不可以道里计，但他们为将就声律，可以完全顾不上实际情况究竟如何，而且还言之津津有味，说得头头是道，不亦过乎！

微词婉语费追寻，评骘须知作者心。每叹丹黄圈点后，古人精诣反销沉。

评点之学，诗始于宋刘辰翁，文起于宋吕祖谦，后来作者，蔚为大宗。其中颇有独具只眼者，亦有信口雌黄者；有空泛无谓者，更有强作解人者。得失不一，要在读者之善于抉择，用启我思为上。衍文昔于先生之诗，亦多加批识评述，先生是之。徒以当时印刷条件较差，致未能附诗以行。故此诗但指不当之评点也；倘能真知作者之用心，则亦未尝以为不可。读此诗者，须通观全诗，诗之次句乃诗之正面要旨，后二句是从次句反面申发。不可割裂其义，而以为先生将评点派一笔抹煞也。

章学诚《文史通义·文理》一篇，论及归有光之评点《史记》（按此实为托名之作）、赵执信之为《声调谱》云："然为不知法度之人言，未尝不可资其领会，特不足据为传授之秘尔。据为传授之秘，则是郢人宝燕石矣。……然以一己之见，不事穿凿过求，而偶然浏览，有会于心，笔而志之，以自省识，未尝不可资修辞之助也。乃因一己所见，而谓天下之人，皆当范我之心手焉，后人或我从矣。起古人而问之，乃曰：'余之所命，不在是矣。'勿乃冤欤？"

鲁迅先生《集外集·选本》论及读选本兼及其评点之失云："读者的读选本，自以为是由此得了古人文笔的精华的，殊不知却被选者缩小了眼界。即以《文选》为例罢，没有嵇康《家诫》，使读者只觉得他是一个愤世嫉俗，好像无端活得不快活的怪人；不收陶潜《闲情赋》，掩去了他也是一个既取民间《子夜歌》意，而又拒以圣道的迂士。选本既经选者所滤过，就总的吃他所给予的糟或醨。况且有时还加以批评，提醒了他之以为然，而默杀了他之以为不然处。"

诸说皆可互参。

由来诗话资谈助，亦可因之见本原。莫作逢迎时贵语，须防柳毂遇朱温。

柳毂事见《旧五代史》卷二《太祖纪第二》天祐二年十一月丙辰下引邵晋涵《旧五代史考异》云："《师友杂志》：朱全忠尝与门佐及游客坐于大柳之下，全忠独言曰：'此树宜为车毂。'众莫应。有游客数人起应曰：'宜为车毂。'全忠勃然厉声曰：'书生辈好顺口玩人，皆此类也。车须用夹毂，柳木岂可为之！'顾左右曰：'尚何待！'左右数十人率言为车毂者悉扑杀之。"

此诗首二句言作诗话之道，后二句针为诗话者之失。

宋许顗《彦周诗话》论诗话特点，称"诗话者，辨句法，备古今；录异事，正讹误也"。又谓"若含讥讽，著过恶，诮纰缪皆为不取"。"纪盛德"而不"著过恶"，显然是有取于"隐恶扬善"之道。章学诚《文史通义·诗话》则谓："《诗品》《文心》，专门著述，自非学富才优，为之不易，故降而为诗话。沿流忘源，为诗话者，不复知著作之初意矣。犹之训诂，与子史专家（子指杂家，史指传记）为之不易，故降而为说部。沿流忘源，为说部者，不复知专家之初意也。诗话、说部之末流，纠纷而不可犁别，学术不明，而人心风俗，或因之而受其弊矣。"虽隐指袁枚《随园诗话》而言，而与一般的诗话与说部，皆予贬低，从而有"世道人心"之忧，说得未免过于偏激。若谓诗话每褒贬失当，意气用事，堂堂巨著如黄宗羲之《明儒学案》，议论岂能持平乎？其自著之《文史通义》，于袁枚不遗余力加以攻讦，岂能公正乎？衍文于随侍越公之际，即尝为《雕虫诗话》，自序中尝谈及诗话之未可厚非，共有三点，今节录其要点如下：

　　"一曰取其便利也。欲著专书，剪裁取舍，煞费经营，非兀兀穷年，难为体统；诗话则不然，兴之所至固可书，偶然拾得亦可记，信笔推阐，不限体统，不亦善乎？……设无闲适工夫，埋头著述，虽怀提要钩玄之志，而苦无繁征博引之暇，乃退而撰作诗话，亦势使之然也。

　　"二曰罗其琐细也。刘彦和有云：'富于万言，贫于一字。'吾人但知著数百卷巨书，如《通考》《通志》，体例编排不易，即一篇之文，一首之诗,亦各有其人不易知之谋篇布局。不特此也,一句之得,或能如石蕴玉而山辉;一字之失,或竟使璧微瑕而价损。此等一鳞半爪,傥丽之他篇,则成累赘;欲聚而成章,则苦支离;若弃而弗留,又安忍任其泯灭? 此情此理,亦惟诗话可兼收并蓄之也。

"三曰用为资料也。欲作专文,常苦证少,因累及理之瘠贫,有妨文之醇肆。参稽资料,有赖乎平居搜辑,方能取用便宜。见而不记,久易忘心。……苏东坡诗云:'作诗火急追亡逋,清景一失后难摹。'谈艺言谛,亦犹是也……"

钱锺书先生《读拉奥孔》一文,语尤精警:

在考究中国古代美学的过程里, 我们的注意力常被名牌的理论著作垄断去了。不用说,《乐记》《诗品》《文心雕龙》、诗文话、画说、曲论以及无数挂出牌子来讨论文艺的书信、序跋等等是研究的对象。同时,一个老实人得坦白承认,大量这类文献的探讨并无相应的大量收获。好多是陈言加空话,只能算作者礼节性地表了个态。叶燮论诗文选本,曾感叹说:"名为'文选',实则人选"(《己畦集》卷三《选家说》)。一般"名为"文艺评论史也"实则"是"历代文艺界名人发言纪要",人物个个有名气,言论常常无实质。倒是诗、词、随笔里,小说、戏曲里,乃至谣谚和训诂里,往往无意中三言两语,说出了精辟的见解,益人神智;把它们演绎出来,对文艺理论很有贡献。也许有人说,这些鸡零狗碎的东西不成气候,值不得搜采和表彰,充其量是孤立的、自发的偶见,够不上系统的、自觉的理论。不过,正因为零星琐屑的东西易被忽视和遗忘,就愈需要收拾和爱惜;自发的孤单的见解是自觉的周密理论的根苗。再说,我们孜孜阅读的诗话、文论之类,未必都说得上有什么理论系统。更不妨回顾一下思想史罢。许多严密周全的思想和哲学系统经不起时间的推排销蚀,在整体上都垮塌了,但是他们的一些个别见解还为后世所采取而未失去时效。好比庞大的建筑物已遭破坏,住不得人、也啖不得人了,而构成它的一些木石砖瓦仍然不失为可资利用的好材料。往往整个理论系统剩下来的有价值的东西只是一些片段思想。脱离了系统而遗留的片段思想和萌发而未构成系统的片段思想，两者同样是零碎的。眼里只有长篇大论，瞧不起片言只语，甚至陶醉于数量，重视废话一吨，轻视微言一克，那是浅薄庸俗的看法——假使不是懒惰粗浮的借口。（《七缀集》29页）

此说足可破章学诚氏轻诗话与说部之执，并可为读越公此论之资。至贡媚逢迎以为诗话者，自不足取，顾此岂但诗话，即无端献颂谀墓，平居胁肩谄笑，与夫曲学阿世者，其言又岂可道也哉！

协律篇章称乐府，谈言时事入歌谣。正名贵要穷原委，无韵非诗自不挑。

读此诗当注意两点：一为先生对民间诗歌之重视，二为先生以为诗者，务必有韵；盖无韵之所为诗，纵有诗意，亦不过散文而已，绝不可称诗也。近人章炳麟《国故论衡》中有《辨诗》篇，推溯其源，认为"有韵者皆为诗，其容至博"。并申论其主张云："夫随事为名，则巧历或不能数，会其有源，则百名而一致者多矣。谓后世为序录者，当从《诗赋略》改题乐语，凡有韵者悉著其中，庶几人识原流，名无棼乱者也。"这与先生的看法是不一样的。先生论诗必讲韵，但除韵外，尚主诗之意，这是从诗的性质与完成诗的条件来立论的，诗之须韵，乃诗的必备条件之一。章氏论诗，是就其所理解的诗的源流而着眼的，故得出"有韵即诗"之结论。

两相比较，我们觉得还是先生之说较为圆通。因为若欲为诗定性，——对其他的定义亦莫不如此——诚如钱锺书先生在《谈艺录》中所云："夫物之本质，当于此物发育具足，性德备完时求之。苟赋形未就，秉性不知，本质无由而见。此所以原始不如要终，穷物之几，不如观物之全。盖一须在未具性德以前，推其本质，一只在已具性德之中，定其本质。"（见增订本37页）

世之学人，有好以拉丁字穷源为尚，或拈示《说文》以求本义者。好古尚博，或可无愧，若奉以为律，岂能无钱先生所论之弊哉！

近又有论诗主无韵之名流，而所举例，则是唐陈子昂《登幽州台歌》："前不见古人，后不见来者。念天地之悠悠，独怆然而涕下。"则不唯不知音韵之与时代之变迁有关，且未一检旧诗之工具书。须知"者""下"二字，具在上声二十一马也。世人传其讹而作论者颇多，故特附辨于此。

诗随时会始为真,岂必斤斤貌古人? 但在精神不在体,体新未必即诗新。

诗之首两句,谓诗当有新变,而不以仿古为能事。后两语,当为语体新诗而发。盖先生谓真正作为一个新时代的诗人或诗作,当自变而创新,但当时新诗之体却非所宜。新诗人中,有为"商籁体"者,有效马雅科夫斯基者,有学惠特曼者,亦有为法国象征诗者,并有仿当时印度诗人泰戈尔者,其与摹唐范宋者又何以异?若论其体,与旧诗相较,的确可谓之"解放",但岂得遂称之为真诗? 岂得为诗发展之方向? 新诗人中,先生与徐志摩最为相善,甚赞叹其才华,但认为其诗尚是变而未至之作。钱锺书先生于《围城》中尝言:"只有做旧诗的人敢说不看新诗,做新诗的人从不肯说不懂旧诗的。"(98 页)先生只做旧诗,但对新诗却也看的,不过未予肯定而已。

茫茫终古无穷极,今日为新往即陈。诗体推迁无止境,莫教来世笑吾人。

清赵翼有《论诗》二绝。其一云:'满眼生机转化钧,天公人巧日争新。预支五百年新意,到了千年又觉陈。"其二云:"李杜诗篇万口传,至今已觉不新鲜。江山代有才人出,各领风骚数百年。"(见《瓯北集》卷二十八)或有病其只言诗的"时间性",而不知有所谓文学之永久性者。是亦一曲之见也。越公此诗之意,粗看不出赵氏所论范围,似无新意可陈,殊不知此乃针对当时之新诗而发,盖谓如此之诗,当时流风所及,"新气"固有,而转眼之间,或即为陈。故宜与古为新,多方远虑,莫使后之视今,亦犹今之视昔。三复其意,寄慨深矣。

录自刘衍文著,汉语大词典出版社 2004 年 11 月版《寄庐茶座》。

读《余绍宋日记》话旧

刘衍文

记得当时《日记》影印出版，友人即惠送我一部。于是夜以继日，一气读尽，遇到感兴趣的，又翻过来反复诵读，读时仿佛又回到了在先师座下听他娓娓话旧的日子。

《日记》内容包罗万象，读之令人目不暇接。其中有关方志修纂者，已由劳君乃强辑出；谈论书法绘事的，子安世兄亦已辑得《余绍宋书画论丛》，并由国家图书馆出版社梓行。皆大有裨于学林艺苑。而我最关注的则有两个方面，一是谈艺论学，一是人事交往。兹就所知，分类疏记一二如下，权当与后辈话旧吧。

一

我最感兴趣的是先师对两部著名日记的评议。

一是李慈铭（1830—1894 年）的《越缦堂日记》，先师对每一册都做了提要（当然，其中为樊增祥借去未还，直到 1949 年后才幸而发现的两册，不在其列）。越缦写日记四十年未尝间断，一向被誉为日记之王，所谓"日记百年万口传"者是也。因篇幅浩繁，翻检为难，遂前有由云龙所辑《越缦堂读书记》（有上海书店重编补订本），后有张寅彭、周容编校《越缦堂日记说诗全编》（2010 年 4 月凤凰出版社初版），均便查考。先师的提要，则从另一角度入手，以便读者关注和检视，而所下评语都能公允持平，且时有剖析入微处，实大可供读者玩味。兹录其总评于下（民国十一年六月十七日《日记》），以见先师品藻之公。

越缦博通群籍，故言皆有本，而每读一书，必能撷其英而指其谬，所论极无门户之见，亦无偏激之谈，自是善读书者，今日无此好读书者矣。

所记朝章国故皆有本原，可资考证者甚多。

随笔记载，吐属尔雅，尤长于记事之文。其骈文甚自诩，其实格不甚高。

寻常琐屑如通谒、馈遗、物价、工值等类记之甚悉，亦可窥知当时社会情形。

越缦人品高洁，无做官人恶习，自是上等人物。唯牢骚愤激处太多，动辄恶詈丑诋，稍欠学者气象。

诗词遣词工稳，颇有天真。若论诗格，亦不甚高，而自夸太过，恒以为上跻李杜，当世无复能读之人，不免狂矣。

越缦于小学致力颇深，故偶说训诂名物，皆甚精当。

越缦动訾人有头巾气，其实彼纵论时事、臧否人物，亦恒不免。

按越缦与先师表伯梁鼎芬（星海）同为光绪六年庚辰（1880 年）进士，梁年二十三，李已五十有二了。是年《越缦堂日记》八月二十一日、二十六日、九月三十日，都有记其贺梁新婚、看新妇，以及为书楹联事。先师友人蒋麟振（宰棠）先生亦与李相识。越缦卒于光绪二十年（1894 年），先师仅十二岁，自不及见，然既重其日记如此，且与星海频繁往来，言谈中亦应涉及其人，何以《日记》中并无这方面的记载，诚为不解之惑。假如我早知先师与梁星海交往之密，当面请益那该多好。不过先师虽未及一见越缦，而已知其心，读其书胜于识其人矣。

一是孙宝瑄（1874—1924 年）的《望山庐日记》。宝瑄字仲屿，浙江钱塘人。其书论学、论政、论人、论事，多有自己的识见，其中虽也有局限和欠缺，但毕竟大醇小疵。今其书已出，颇为各界注目，尤以研究近代文史者所重视。先师所借读原稿七册，尚未得其全，迨翻检对照，见先师所曾过目的光绪二十一年乙未（1895 年）、二十二年丙申（1896 年）日记皆已佚失，则先师《日记》所叙及所摘录者，当可为是书补阙矣。先师借阅此书，还是仲屿亲兄慕韩（宝琦）亲自送来的，而慕韩与先师同寅，曾是先师的上司兼好友。仲屿颇尊爱其兄,孙氏日记中屡屡及之,但不知何故,于先师却无一语道及,这又是我的一个不解之惑。

其次,我对《日记》中所录的诗文颇感兴趣。特别是《梁格庄会葬图》的题咏,我大致都过录在《雕虫诗话》后编中,或记其逸事,或稍做简要赏析。最可贵的,就在于各家的不同风格与各自观感的表达。还有些见于《日记》的诗作,或为作者集中所失收,或集中虽收而已作改动。如《梁节庵集》与黄节《蒹葭楼集》中就有这种情况。又如所录江叔海(瀚)诗,皆其《慎所立斋诗集》刊行后所作。朱汝珍(1870—1943年),字聘三,号隘园、玉堂,广东清远人。光绪三十年甲辰(1904年)榜眼。民国十一年(1922年)七月三十一日《日记》中录其《题梁格庄会葬图》一诗,其诗文集则未见有目录书著录,故此诗弥足珍贵,兹录于下:

> 种树庐前月,嘘唏忆共看(汝珍乙卯四月恭谒崇陵,寓文忠公种树庐)。崇冈望葱郁,老干慨凋残。血化知成碧,心盟敢便寒。几回桑海泪,还洒故人棺。

> 会哭悲行路,相因况近亲。大难来日事,乃见有心人(越园理文忠身后事,无微不至)。胶漆情犹昔,丹青妙入神。他年陈迹耳,吾意重酸辛。

其他著作则有《词林辑略》《词林姓氏韵编》《清远县志》《阳山县志》等尚存天壤。这不由想起家乡宋代的状元刘文靖公(章),其所著《非〈非国语〉》《刺〈刺孟〉》两书,据朱彝尊《经义考》说"已佚"。先师有《游寺下村吊刘文靖公》四首,其三有"太息仅存诗两首,吟余凭吊益低回"之句,古今情况,一何相似乃尔!相传朱汝珍原定状元,慈禧以其姓为朱,为明之国姓;名有"珍"字,同于珍妃之号;又是广东人,联想到康梁及孙文皆粤人;时值大旱,而刘春霖之名讨彩,且其籍贯为直隶肃宁,有"肃清安宁"之兆,乃改定刘为状元。其说恐是齐东野人之语,但朱、刘名次互易则实有其事(见金梁《瓜园述异》《光宣小记》,商衍鎏《清代科举考试述录》)。据说,犹太富商哈同身后神位牌,曾请三鼎甲,即状元刘春霖、榜眼朱汝珍、探花商衍鎏同来"点主",此亦旷古未有之盛事。朱汝珍曾到香港任香港清远公会会长,香港大学哲学、文辞教习及香港学海书楼主讲,1933年接任香港孔教学院院长。后回大陆,卒于北平。先师与其往来亦密,日记中或称聘三,或称隘园,或称朱师傅,以其曾为南书房行走之故。朱与梁文忠、陈弢庵往还甚密。先师颇有意将各家所述晚清掌故,兼及闻之于太师母及梁太夫人者录存一书,但似未曾落笔,《日记》涉而未及,颇感缺然。

我读至《日记》中专谈王渔洋诗作之处,感慨尤深。先师有《与客谈诗漫成二十二绝》,我与永翔曾为之作笺,今收于《寄庐茶座》。其论渔洋云:"本无寄托漫成章,应让渔洋胜擅场。绰约风姿流丽句,千篇一律便平常。"记得我在云和大坪时,曾就此诗与先师小有争议。师谓自己并不完全否定渔洋,"绰约风姿",岂非赞许之辞? 我说,结句如此写法,不是把前语全部推翻了? 师云:"要分别观之。"但我总不甚以为然。今见《日记》中于渔洋有全面评判,方觉先师对神韵一派实有深许。论诗绝句之体固为读者所喜爱,亦为评者所喜为,但区区二十八字只能大处着眼,易于以偏概全,令人滋生误解。若持此诗与《日记》所论合而观之,那就圆融无憾了。兹录先师对王渔洋诗之总评如下(民国二十八年九月十七日《日记》):

　　所拟乐府,于组织中见流走,于雅洁中见古朴。确有不可及处。

　　渔洋才力本雄放,而每为风调所掩。袁子才谓其"一代正宗才力薄",不可信也。要当究其本领,不可袭其皮毛。

　　渔洋生在承平时,故无噍杀之音,即间有悯时之作,亦极有分寸。不得以杜陵之悲壮淋漓律之也。

　　渔洋以《秋柳》四章得名。然不过使事不板,风韵极佳,于当时独开门径,不落小家咏物诗窠白,必不能为全集压卷也。全集中自以《蜀道集》为上乘。

　　古体诗每于结处擅场,起笔多不经意。

　　《蜀道集》中,凡吊古论古诸作,皆有独见。

　　《南海集》中多平调、半客气,虽面目未尝改观,而才力已减。盖风调犹存,而丰骨稍逊矣。

　　晚年五七律深厚雄浑,深得杜陵家法。

　　喜用僻典,是渔洋好奇处,亦是其可议处。

先师对王渔洋《秋柳》诗的评价虽不甚高,但仍予以充分的肯定。按此诗作于顺治十四年（1657年），渔洋时年二十有四，不唯当时和者甚众，后人用其韵作诗者亦夥，不仅名噪一时而已。但我对此却有不同看法，在拙著《雕虫诗话》卷二中有"唯《秋柳》四首，实非佳作，堆满典故，几无一句道着"之评，且言："'他日差池春燕影，至今憔悴晚烟痕'之对，以'他日'对'至今'，早已成套；而'新愁帝子悲今日，旧事公孙忆往年'，更是笨拙之至。又何可称道耶？"并对神韵说有所阐发与考订，惜当时皆未及就正于先师。

记得有一次与先师谈及祭文，我说："世多推刘令娴《祭夫文》、韩愈《祭十二郎文》二篇，其实二文各有所失。刘文名句'苞碎春红，霜凋夏绿'，艳而不哀；而韩文则专在段落和虚字上费心思，大掉花枪，如玩杂耍，易使读者忘情别骛。皆不如袁枚的《祭妹文》自然自如，出自至性，感人至深，当为千古第一祭文。先生菲薄袁简斋，不知于此文观感如何？"先师则转问我："你看过我的《祭妹文》吗？"我初以为所祭之妹为嫁与内人外祖劳恭震（曾任浙江省审判厅长）之二弟恭寅者，后读先师《日记》，方知所祭为嫁与罗家的小妹。其文我数十年后方在重新出版的《龙游县志》中读到，确实写得不错。

其三，我觉得先师《日记》中涉及名胜游览的文字，详尽生动，大可辑出别行。诗要"状难写之景如在目前"已难，而为文尤其不易；诗可以概括浓缩而言，文则时间、地点、方位、路径，以及沿途景色，需要一一点清，而又不可如地图方志般枯燥无趣。先师写起来却能随景敷色，不拘一格，引人入胜，这与先师善画山水、贯通画理不无关系。

二

再说人事交往。这得分两类来谈：一与谈艺论学有关，一与故乡亲情有关。第一类中最引起我注意的有：

陈宝琛（1848—1935年），字伯潜，号弢庵，又号菊隐，晚号听水、沧趣。是末代皇帝溥仪的太傅。其著作《沧趣楼诗文集》已由长子永翔及其门人许全胜博士校点并由上海古籍出版社出版。读先师《日记》，始知陈还是先师留日归国参加殿试时的房师。我尝戏言，照这个师承关系，陈太傅已是我的太老师，至许全胜则是第五代的"封建余孽"了。永翔生于戊子（1948年），恰晚太傅一百年；全胜则生于戊辰（1968年），恰晚太傅两甲子,于听水亦似皆有缘。太傅之诗,几乎没人说不好的,而林琴南尤为推崇,但太傅于林却不甚许可,民国九年(1920年)四月九日《日记》说陈"谓其自负太甚,其实所作文不脱小说习径,又不明时事、不谙掌故,实不足取。又论其所画亦甚恶劣"。关于林"不明时事,不谙掌故"之例,江庸《趋庭随笔》记其父江瀚(叔海)之语云:

> 林琴南为梁星海作《种树图记》云:"德宗之崩,梁入都欲叩谒梓宫,为袁世凯所阻。梁乃于旅馆中寝苫枕凷,举哀九日,哭天子之礼也。"是文殊失实。梁官至按察使,本不能叩谒梓宫,况此时孝钦既丧,袁方自危,何暇问此? 且内外官哭临,初非袁所能禁抑。至以"寝苫枕凷,举哀九日"为哭天子之礼,似亦无据。是年大丧多不循制,三品以下理应在景运门外行礼,乃京朝官咸集于乾清门,梁独匍匐景运门外,且号哭有声。惜琴南未见之耳。

琴南之负气好争,且形之于小说,如《荆生》之骂胡适、陈独秀,《马公琴》之斥章炳麟,尤以《江天格》影射陈石遗,认为是"吾所最恶者"。如果林知道他所崇仰的陈太傅在背后还这么说他,岂不要气得半死! 可见平常的客套应酬,是认不得真、作不了准的,倒是"谁人背后无人说,哪个人前不说人"这句俗话,却道出了真谛。

陈太傅是以写奏折、攻八比、作诗词名世的,他的律赋也值得郑重一提。律赋起源于唐代的科举取士,几经改定,格律愈来愈严,束缚愈来愈大,可谓是赋中之赋,此体之作当以清代最为出色。我觉得最可称道者有三家,一是陈沆的《简学斋馆课赋存》《简学斋馆课赋续存》。他是嘉庆二十四年(1819年)状元,翰林院修撰。才学虽优,可惜天年不永。所著《诗比兴笺》誉之者虽众,实不免穿凿附会之谈。但赋实在写得好。二是何栻的《悔余庵文稿》。尝选其《梁夫人桴鼓助战赋》于拙著《古典文学鉴赏论》中,认为这是律赋中最有代表性的佳作。这两家诗赋,晚清科试者皆作为范本研读的。三就是陈太傅的《沧趣楼律赋》了。他往往有一题依同韵连作两篇者,如《富郑公书座屏赋》两篇,都用"守口如瓶防意如城"为韵,《必逢佳士亦写真赋》两篇,均以"文采风流今尚存"为韵,甚至《唯道集虚赋》用同韵"虚室生白吉祥止止"连作三篇,均见其文思敏捷、思路宽广。因此,当推太傅为律赋作者的殿军，后来者已无能为继了。太傅八十八岁谢世，卒前一年，《日记》记先师拜见时，陈还行回拜大礼。记得名诗人陈三立，太傅壬午年江西所得士，年仅少太傅四岁，也在太傅八十七岁时拜见时行三跪九叩礼，太傅辞之不得，乃勉强接受。这均可从中看出太傅的谦谦君子之风。

梁鼎芬（1839—1920年），是张之洞最得力的幕僚，清末以尽忠王室闻名于世。他双亲死得早，是由叔母余太夫人抚养长大的。余太夫人是先师的祖姑母，所以先师称梁为表伯。先师与梁关系密切，《日记》中涉及最夥，而不解之处亦最多。特别是梁的婚姻问题，流俗各有不同的说法，令人莫衷一是。以前我涉笔此事时尚未读先师《日记》（见《寄庐茶座》），及读毕《日记》，则记祖姑母之言，多清末掌故，而未及家事，殊有缺憾之感。转思此事乃当今所谓个人隐私，姻亲间自不会提及。因此，遍考史料，前后竟达四年，方写成《终古佳人去不还》一文，谈梁鼎芬与龚夫人之事，并于2011年1月号《万象》刊出，颇受读者注目，兹不多赘。且记拙文未及者三事于此。

陈灨一《梁鼎芬之泄愤》（见《睇向斋秘录》）云：

> 梁星海廉访（鼎芬）由武昌府知府洊擢至按察司，恃张南皮之宠任，大权独揽，同僚切齿。某君戏拟一联一额以讽之，联云："一目当空，开口便成两片；念头中断，终身难免八刀。"额云："梁上君子。"梁见之怒不可遏，欲得其人而甘心。旋探悉系门生尹亚夫所为，报以一联一额。联曰："有心终是恶；无口岂能吞？"额曰："伊内偷人。"造句两皆佳妙，然皆谑而虐矣。

徐凌霄、徐一士《凌霄一士随笔》有《梁鼎芬妒才》一则，仅据陈石遗年谱，谓"最可笑者，陈尝声言欲去，梁即赠联以坚其意，并为饯别。而张（之洞）旋以加委差事留之，梁复致笺慰劳，谓不应去"云云。谓如此反复，盖"梁患夺其宠，故利其去，既又笺谓不应去，则所谓欲盖弥彰欤"。恐怕当是石遗自视太高，遂疑心而生暗鬼了。须知当时张香涛广招幕客，才彦如云，梁何不排妒他人，而偏对陈如此？即以诗文而论，陈岂得与樊增祥、易顺鼎相颉颃乎？梁既能与彼等互相推服，而独忌陈一人，何耶？则二徐立论，未免偏听偏信矣。

《日记》中记祖姑母余氏多处，今特录易顺鼎《琴志楼诗集》卷十八《节庵叔母余太夫人七十有二寿诗》，以见其懿德云：

> 吾友少孤露，名家能中兴。得于从母教，凤以女宗称。成就宫花早，流传谏草曾。朝阳一声凤，霜气九秋鹰。璞采荆山玉，壶盛鄂渚冰。安车依绣斧，直节励朱绳。圣后知苏轼，邦人重李膺。不惭青史笔，端赖绛纱灯。中恫倾葵日，孤怀蓄檗冰。姓将疑作仉，名亦讳言征。天竟娲皇缺，城同杞妇崩。忧深鲁漆室，泪洒舜黄陵。义不他君事，欢仍孺子承。巴清应仿佛，梁节共崚嶒。绵上甘泉画，芦中汐社朋。犹堪补莱舞，岁岁寿诗增。

叙余太夫人抚养教育梁星海事甚明。诗为排律，对仗极工，非龙阳才子不能为。惜一时失于检点，重了两个"冰"字。

梁启超（1879—1929年）。按梁任公与先师的交往，知者甚众，《日记》中所记亦多。但有一件梁筹划未果之事，涉及先师，先师本人也未必知道。《吴宓日记》民国十四年（1925年）十一月十二日有云：

> 晚八九时得柬招，谒梁任公。梁甚愿就校长，询校中内情甚悉。但拟以余绍宋任机要主任。又云，此事如决办，宜得仲述同意。又云，胡适可聘来研究院云云。

其时适当北伐成功，政府派罗家伦长清华大学，颇有违于众议，张歆海、庄泽宣、陈达、钱端生、叶企孙等曾共商校长事，欲呈文上报推梁为校长，梁亦屡次表示愿意。然而当局如何容得下教授治校、民选校长！"书生挟策成何济"，其不为采纳可知。但于此亦足征任公于先师人品、才干的信任。

汤涤（1878—1948年），字定之，别号白芋道人，名医家汤贻汾曾孙，江苏武进人。先师绘事师之。我读《日记》，深感先师在北平服官酬应，实为苦事，唯在宣南画社与诸社友作画论艺最为乐事。尝在聚会时观汤先生作画，既而抽签而得其作，《日记》笔之以志欣喜。马叙伦《石屋余沈》有《汤定之节概》一文云"丈善姑布子卿之术，自谓平生所长，相法第一，隶书次之，画又次之。此则怀才挟艺之士，每每不肯自以所长为长"云云。但汤在先师面前却从未论命谈相，当亦知先师接触善相同寅多人，且时有验例，劲敌在前，遂深藏若虚耶？马文又云："往年居窘，汤尔和任伪职，数以书招，促其北上，终谢不应，几濒于饿死。"故以是高之。又谓其自南来，"仍以卖画为生，而此间习尚，画喜吴待秋，或模吴昌硕、王一亭，如丈之宗其先德者，格不能行，故月入不足赡养。……至其山水不先作轮廓，信笔而成，转得黄山、雁宕天胜之境，世不易知也"。《石屋余沈》又有《吴待秋画》一文，盖言其画皆率尔而为，致巨富而艺则日下，可知真赏难得云云。

《日记》中又记汤定之欲求先师义女香莲为妾，而为先师婉拒。香莲后嫁祝鸿逵（子孚）先生为继室，我亦尝记其事于《寄庐杂笔》。又尝见一书记载，陈叔通于建国之初欲影印汤定之、余越园两家画卷而未果之事。而马叙伦《汤定之节概》则记陈叔通调汤定之续弦三绝，亦可资谈助。诗云：

> 喜星偏照茗闲堂，遮却双于似玉郎。绕膝儿孙齐拍手，争看彩蝶署鸳鸯。
>
> 画梅楼易画眉楼，时样偷从眼底收。益信老夫真善相，女师好处是温柔。
>
> 明年报长紫兰芽，哺乳宵深错认耶。稍碍衾绸甜入梦，晓妆催起弄咿哑。

"茗闲堂""画梅楼"，皆汤自署居室之名，双于道人则以己之多须而自号。

又近出陈巨来遗著《安持人物琐忆》，有《记梁众异》一文，也说到汤定之的"善相"。说"梁自为汉奸后，尝以小恩小惠施与友朋"，而"独武进画家汤定之分文不给"，因汤"背后告人，梁众异将来必惨死，应过铁云云，被梁所知，遂恨之入骨"。若据前引马叙伦之言，纵梁有厚赠，汤亦必拒收也。汪辟疆《光宣以来诗坛旁记》中亦有《爱居阁》一文记黄秋岳与梁众异事，则说梁亦精于"相法"，梁谓黄"君定不免"，后又对镜自审，叹曰"我亦不免"云云。可知梁已有自知之明，又何以于他人之断耿耿于怀耶？

说到绘事，《日记》中对齐白石之画颇有微词。我初甚感困惑，后读诸家之论白石画者，均不甚首肯其早年以模拟为尚者。不过，白石晚年有了自己独创的风格，情况就为之一变了。先师所论当是针对其未变法前的作品，即孟子所谓"苟为不熟，不如稊稗"之意也。先师对另一画家王梦白，虽菲薄其人，对其画作却颇称许，并不因人废艺。两相对照，其意大可玩味。

三

《日记》中所记人物我曾与之结缘者甚多，亦颇可一谈。

第一位是林烈敷（竞）先生（1892—1980 年），浙江平阳人。不知何故，《日记》中对他的印象极差，言其为"官僚而欲附于学问者，谈论殊无可采"。这也许是误会吧。我在《雕虫诗话》中提到过林，他是我的忘年交赵明止（舒）先生的学生。越公与明止公也相识，《日记》中多次提及，但交情似乎不厚，我则于其有知己之感，烈敷先生就是他介绍我认识的。烈敷先生曾为我谋到一个好差使，而我却立志于教学和著述，无意在其他方面发展，竟辜负了他的一番好意。数十年后我认识了苏渊雷教授，问起他的这位同乡。苏说与其极好，自己还是林公千金的干爸呢，然而再叩其详，好像苏也不甚了了。后来我从一些资料上才知道林公年轻时，郑海藏、熊十力已目为天下奇才。马一浮也有好些诗相赠，如《林烈敷见枉山中，谓将行边，索以片语为赠，因题短句赠之》诗云："忠信能为礼，蛮夷亦可行。长卿方喻蜀，三老莫相惊！"足见赏识之深。可惜越公后期的《日记》有许多失落了，或许印象有所改变也未可知。

第二位是王梅庵（荣年）先生。梅庵先生早年留学日本，所学亦是政法。他诗字皆妙。《日记》上说，林风眠校长聘越公任国画系教授，还是梅庵为之先容的。他酒后每与我谈笑风生，却从未提起他与越公的这一层关系。梅庵谈艺妙喻甚多，如评马一浮字"斜肩侧背"之语，纵酷好马书者听来也必会解颐。乐清市诗词学会副会长张炳勋先生尝来信问我有无梅庵的遗稿和遗墨，并告我说，梅庵建国后不幸惨死。

第三位是瞿宣颖先生（1894—1973 年），字兑之，号蜕园，清末军机大臣瞿鸿禨的三公子。他是掌故家，诗文亦善，声名籍甚。张增泰兄见告，周炼霞女士亲闻瞿云：其父以貌似同治受宠。这从冯煦挽瞿鸿禨联中亦可得到印证，其联曰："瘝瘝念周京，逸社诗成，每集逋臣赋鹃血；音容疑毅庙，旧朝梦断，应追先帝抱龙髯。"瞿后为庆亲王奕劻与袁世凯排挤去职。瞿兑之曾在北洋政府国务院做过秘书，汪伪时落过水，建国后仍得为上海市人民政府参事。先师尝为其所著《方志考》作序（序文为民国十九年十一月二十八日《日记》载录），凡一千六百言，对其推崇备至，这在先师殊为少见。序中有云：

兑之乃能举人所不敢为、不能为、不愿为、且并实斋所未为者而毅然为之，不数年间，成斯巨制，发愿之宏、成就之伟，度越寻常，殊堪惊叹。不图今日乃有斯人，其沾溉于来世，功岂在实斋下耶？读者若仅以寻常目录之学视之，则浅之乎视此编，浅之乎视兑之矣。余是以不容已于言也。

今其书《甲集》为《民国丛书》影印收录，当不会泯灭于天地之间了。只是如今介绍瞿兑之的文字很少提到此书，亦可见方志之学尚未为大众所重视。

《日记》民国二十二年（1933 年）五月十七日云：

瞿兑之顷任河北省府秘书长，兼主修《河北通志》，以义例来商。即就所见略与论之。此君于此学甚有所得，倘能修成，必大可观也。

可见先师对其期许之深。

我与瞿曾同过三次饭局。初见时，友人向他介绍我是余越园先生的弟子，他只是默默地点了一下头，后两次也是微微点头，仍不交一语。他每次只与我认识的某君低声私语，对同桌的他人都视若无睹。我以为他与越公并不相识，今见《日记》，方知越公尝为其所著书作序，可见交情匪浅。瞿后来在十年浩劫中被人检举，判刑十年，保外就医而死，据说检举人中即有某君在内。某君曾检举多人，受到公开表扬，称其戴罪立功，特予减轻处分。瞿与其交好，未免有失知人之明。

瞿氏著述，世人颇称道其所作《汉魏六朝赋选》，其实我看并无多大特色。但他的《李太白集校注》《刘禹锡集笺证》，则均用力至深，的确做得好，足以传之不朽。

第四位是陈巨来先生（1905—1984 年），他是篆刻家。我和他，还有他的同父异母弟左高，都比较熟悉。陈巨来新出遗稿《安持人物琐忆》风靡海上，虽行文粗率，而掌故可观。我读《日记》，才知安持先生曾以刻印为赞拜见过越公，越公亦报以画幅。我以为《琐忆》或许会写到越公，然而却一字未提。倒是写了我的友人尤彭熙和另外几个熟人。但过去他和我谈天说地的时候，却从来没有提起过这些人，而这些人同我一起时，也从未提到他。

因此在未读《日记》之前，我也以为他与越公互不相识呢。安持先生是大词人况蕙风的女婿，起初与其夫人况绵初（1902—1983 年）关系并不太好，后两人同入上海市文史馆，才相互融洽起来。在此之前，记得在一次饭局上，忽忿然作色地对我说："我告诉你，讨老婆别讨广西人，广西女人没有一个是好的！"我说："我老婆在家里好好的，你怎么说这种话？"他说："也许你老婆以后先你而死了呢，我是先告诫告诫你呀。"同时在座的友人就对我说："这人怎么这样讲话，真是天下少有！"《琐忆》记了许多名人，大致以绘画界为主。至于陈本人的情形，我所知道的，就是张大千画的印章，十九都是他刻的。其画上题诗，凡是集杨诚斋句者，也都是巨来精心结撰的。陈被打成右派后，在安徽劳改，当地某高干的公子要跟他学治印，想将他保释而未果，就索性住到劳改农场，陪在他身边。听报告时则有公子扶持，干活时则有公子在旁，一天只让陈干一小时活。剩下的时间，不是教公子读书治印，就是休息养身。这样轻松的劳改生活恐怕无人可比了。

《日记》中还提到杭州裘吉生、董志仁两位名中医。这两位皆杭州人，因避难而至龙游。裘架子甚大，诊金甚高，人们非重病不敢求诊。而重症上门，裘却回天乏力，一连死了好几个病人。有一天裘门口忽然出现一副对联："未必逢凶化，何曾起死回。"横批是"集腋成堂"。隐去"裘吉生"三字，讥其庸医杀人。裘、董两位，先师都请他们看过病，对裘的印象还不错。民国三十年（1941 年）一月十日《日记》说他"并无江湖习气，或人之言不可信也"。董志仁其人是我认识的，他曾写了一本《龙游风俗趣谈》，要我给他作序。相熟以后，我对他提起裘家门口的那副对联。他问我写得好不好，我说写得工巧贴切极了，继而若有所悟，斗胆问是不是他写的。他笑笑说："你觉得好就好呗。"后来这副对联居然不胫而走，成为名联了，见收苏渊雷先生主编的《绝妙好联赏析辞典》。但《辞典》不详本事，不悉主名，且漏去横批，甚为可惜，谨于此补之。董的岳丈善相，尝说我两颧发红，三十三至三十六岁有难，宜注意。对别人则叹我有才无寿，那几年要死的。其言虽未应验，但我果于那段时间遭难，成为"丁酉进士"了。

四

最后再谈几个于先师较有关系的人物，先说两位当过县长的。

一位是周俊甫县长。他在龙游前后做了好几任，与县人的关系还不错。在日寇流窜之际，换了一个军人叫陈谟的做了县长，而升任周为专员。陈莅任后不断摊派搜刮，弄得民怨沸腾，县人就想起老县长来，于是请越公撰文，立了一块去思碑。不料此举惹恼了当局，不但把碑砸了，还假我之名在杭州的《和平日报》登了一篇《难为了一块石头》的通讯，友人居然还以为真是我写的。于是我投函报社，交涉澄清，而不得要领，只得登广告，发表声明。然而不多久，周俊甫宁可不做专员，仍回龙游，重当县长了。越公为此写了《闻周县长复任喜赋》绝句一首，云："呻吟声里笑颜开，借寇原非百里才。十万部民齐拍手，居然还我使君来。"（《寒柯堂诗》卷一）故乡父老都说周是桂系一派中人，因黄绍竑主浙，故得任龙游县长。以前我亦深信不疑，及读《日记》及有关资料，始知周与熊十力为同乡，是熊在北京大学哲学系的高足，学养相当不错。熊十力与胡汉民交好，周之出任，当由于熊向胡的推荐，实与桂系无关。听说后来周县长到了台湾，在某中学教书以终。

　　另一位是本县人孙永年，曾在各地做过多任县长。我认识他是在云和大坪浙江省通志馆工作时，他在馆中住了半个多月"孵豆芽"，等候派用。几乎天天晚上与大家围坐闲聊，人很随和，不讳好色。他说在北大读书时，假日里常和同学到窑子去"打茶围"。窑子姑娘身价很高，卖口不卖身的，有时连口也不轻卖。打茶围时，满桌子的水果点心，只摆摆样子而已，客人是不吃的。而他们这些大学生就老实不客气了，每次都吃得精光。至于窑子姑娘，竟是千呼万唤难出来，及至出见，对大家都视而不见似的，只对几个年轻漂亮的说上几句，还正色告诫学生："这儿不是你们来的地方，应当好好读书，为强国强种着想。"说完就返身离席了。这番话真出乎意料，使学生们抱惭不已。孙又说，以前在江西、福建做县长时，当地土匪出没，而且消息灵通，常将新任者用轿子抬入寨中，好酒好肉款待，保证不在县长所辖境内作案，威胁不要多事云云。听来真不由得毛骨悚然。孙又一再称道福建女子美貌，说："你们没有结婚的都去找个福建女子成家吧。"说者、听者已无年龄身份的隔阂了。抗战胜利后，有一天我正在街头闲走，忽有人招呼我，穿着一身粗布衣裳，乍看以为是农夫，定睛一看，方知是孙永年。今读《日记》，越公说他是"模范国民党员"，这真出乎我的意外，因为在我看来，他与一般的党棍形象沾不上边。据说，他后来也去了台湾，也曾在一所中学任教。

　　此外,《日记》也曾提到一个"荡妇"和一个"泼妇"。所谓"荡妇",乃是指其堂弟铁斋的情妇。铁斋原来也是一个荡子,自己有妻室,却丢下不管,一直与情妇在外面瞎混。妻子寻夫不见,诉之于族中长老,长老也找不到其踪迹。其实,情妇待铁斋并不好,非打即骂。民国十八年(1929年)十一月十五日《日记》曾说铁斋"迷于荡妇,甘受其凌虐而不悔"。抗战胜利,我复员到杭州不久,忽有两个高挑女子来浙江省通志馆驻地梅庐找总务课代课长张天放和罗余生,说是要他们作保与铁斋复婚订约。同仁见她们一身珠光宝气,都侧目而视。不久铁斋来了,衣冠不整,形容枯槁。后听张、罗说,铁斋情妇抗战时在重庆赚了不少钱,现在想叶落归根,和铁斋重修旧好,帮她管理财产,钱可以让他花,但不得干涉她的行动自由。这事当然不会让越公知道,馆中同仁于是听了也只作没听见,也不知他们是如何分手的。嗣后故乡传来消息,说这个"荡妇"一个人到了龙游,警局竟以奇装异服有伤风化将其拘留。一审之下,发现原来竟是余老先生的"弟妇",于是大小官员忙不迭地赔礼道歉,一连数日摆宴压惊。结果如何收场,就不得而知了。至于这"荡妇"的来历,老人们都一清二楚,她本是衢州水上妓院茭白船(关于"茭白船",如今考证者不乏其人,兹不赘述)上颇有名气的"招牌主",艺名"绿牡丹"。"招牌主"者,船头招牌上书名之妓也。当时与她齐名的还有一个"白牡丹",后来嫁给曾当过绍兴警备司令的衢州人徐某。徐嫌其走路姿态不大方、欠气派,不像个司令太太,于是派人专门教她"邯郸学步",学不好便施以鞭扑,终至被虐郁郁而死。徐建国后被镇压。凡娶名妓者非达官即富豪,铁斋什么都不是,不知何故会与"绿牡丹"结成"露水姻缘"。

　　再说所谓"泼妇"之事。《日记》中只说到祝康祺夫人来诉说,言其新娶媳妇是个泼妇,无法同她生活下去,决意要回开封娘家,特来辞行云云。至于个中情形,《日记》语焉不详,殊不知这婆媳不和的事溪口镇路人皆知。原来祝老先生之子季方,娶的是劳恭震四弟劳恭寰之女秋葵,她自幼父母双亡,由祖母带大。秋葵过门没几天,婆婆走进新房,见儿子坐在床沿、媳妇躺在床上,却把一只脚搁在儿子肩上,于是便大吵大骂起来,还一直闹到媳妇的娘家去兴师问罪。一时弄得观者盈门,四邻不安。看来,这件事还是老太太自己多事。季方卒后,秋葵带了二子二女上余府来,说不把他们的生活安排好,就一头撞死在门前。后来,在杭州解放的那一天,秋葵的长女和通志课员游章辉的三弟志刚在越公的寒柯堂喜结良缘，结果总算是圆满的。

拉杂写了这一些，无补文心，只言稗趣，然决非捕风捉影之谈，仍不失实事求是之旨。当否，尚祈方家与知情者的匡正。

二零一一年四月草于上海市钦州花苑之寄庐

录自中华书局 2012 年 10 月版《余绍宋日记》，此文系该书之《代序》。

近世学者余绍宋

朱馥生

　　余绍宋先生学识渊博，治学谨严，文史艺事，均有精深造诣。早年留学日本，先入交通学校习铁道专业，旋转入东京法政大学研读法律。学成回国，清廷以法律科举人授外务部主事。民国以来，从政：两任司法部次长、代理总长；从教：任北京国立法政专门学校校长、司法储才馆学长兼教务长、北京艺术专门学校教授等；从事方志：任龙游县志总编纂及浙江省通志馆馆长。抗日战争期间，并被推任浙江省临时参议会副议长、代议长。

　　余绍宋是中外知名的书画家，兼有多方面的学术成就，特别是在方志学、目录学、史学及书画理论上都有开拓性的贡献。他著作等身，传世之作有《画法要录》一编、二编共二十二卷，《书画书录解题》十二卷及《续修四库全书提要·子部·艺术类》《中国画学源流之概观》《金石书画旬刊》合订本、《寒柯堂诗集》《宋诗集联》等，并主持纂修《龙游县志》、重修《浙江通志稿》。此外，尚有未刊稿《补新旧唐书艺文志》《学画师承记》《佛教艺术概要》《春晖堂日记》等多种。

一

　　余绍宋在中青年时期有近二十年的法律教育与司法工作的经历，加之他是日本政法大学毕业，似应在法学方面有所著述，但他的学术成就，当推书画理论为第一。昔年梁启超致张元济函有云：“越公所最长者，中国艺术史、中国艺术批评诸作，能以科学的眼光搜集材料，以极渊雅明达之文抒写之至。”其推重之隆，于此可以概见。此类著作，以《画法要录》《书画书录解题》及《中国画学源流之概观》最享盛名。

余绍宋从小就酷爱书画，但正式从师研求是在 1915 年间。其时武进汤定之游北京，余于公暇从汤师学画，在学画同时兼研画史，并组织宣南画社。这个组织，不仅吟诗作画，更谈艺论文，在画学理论上从事探讨。参加宣南画社者，原来多系司法界同事，如林志钧、梁和钧、刘淞生、蒲伯英等。后来，在京的名画家陈师曾、贺履之、萧屋泉等也来参加了，因多集于西砖胡同余寓，地处宣武门之南，故名。

《画法要录》为中国画学开系统研究之始，而集其大成。始作于 1922 年 3 月，时余任司法部参事，兼法政学校课，因政府数月未发薪金，检旧书画出售以补炊米。感于"画学凌夷，邪魔外道猖獗"，乃产生了编辑一书以便利初学的打算。于是辑录古人论画语，去其浮泛玄妙之言，分类编排并加解释。定名《画法要录》，初编十卷，分装四册，1926 年北京公慎书局出版。后续成二编十二卷，也分装四册。该书于 1930 年中华书局再版。1970 年在中国台湾重印。

《书画书录解题》始作于 1928 年 2 月，共十二卷六册。余氏一向认为："凡治一艺，必通其学，乃可以尽其术。书画之为学有其源流派别及其法度，明乎此，而世俗凡近之见无以易吾所自得而赴腕下者，神明规矩始卓然有以独立。"这就是他撰编《解题》的主旨。全书搜集自汉代赵一《非草书》起，至近代潘天寿《中国绘画史》、汪兆镛《岭南画徵略》，共 366 人的著作 673 部，其未见之书 187 种别存其目附后，标明原因，曾见何处。全书共计 29.4 万字，分史传、作法、论述、品藻、题赞、著录、杂识、丛辑、伪托及散佚十类。下各有若干目，如史传类下设历代史、专史、小传、通史四目；品藻类下设品第、评骘、比况、杂评四目。自创体例，蹊径独辟，所为解题，博稽而精思，绝不为蹈袭之语；除部分散佚者外，均载明卷数、版本、著者、内容。后附按年代编制的著者索引，更便于学者检索。

《书画书录解题》于 1932 年由国立北平图书馆出版。1968 年 4 月，台湾中华书局据原本影印发行。1982 年浙江人民出版社也影印出版。日本学者桥川时雄所编《中国文化界人物总鉴》（1940 年日本出版）称其"专攻绘画及书画理论，所著为中国画学开创了忠实考察之法，颇博好评"。1962 年上海人民美术出版社影印出版了一部稀见珍本——明末清初顾复《平生壮观》，就是从《解题》的详细介绍中才被发现的。

余绍宋在通览我国自东汉迄近代书画著作的基础上，还写作了两部具有开拓意义的专著，一为《中国画学源流之概观》，一为《续修四库全书提要·子部·艺术类》。《中国画学源流之概观》实际上是一本中国画史简论，原是他于1926年5月在燕京华文大学为旅华欧人讲中国绘画的讲稿（在《晨报》副刊连载），南开学校有中文排印本，并有英文译本。盖民国以前述画史者，仅载各个画家之生平或其作品，既不叙时代背景，尤不屑涉及政治。余绍宋认为中国绘画艺术之发展，与各个时代的政教风俗有关，应该联系起来考察。这是此书的特点。其次，该书能摆脱前人成见，科学分析，另出新意，如"书画同源，画先于文字"、"佛教画为绘画受外国影响之滥觞，其后推而及于道教，陆离光怪，不拘事物之实迹，遂于画道别开一途"等等，均系独创之见。

《续修四库全书提要·子部·艺术类》各篇，是余绍宋继《解题》之后又一作品。按乾隆修《四库全书》，计著录3449部，存目书6189部，均撰有提要。1925年，日本人利用退还我国的庚子赔款，设立东方文化事业委员会，决定续修《四库全书》，其计划只在撰写提要，并不如乾隆时要将列入著录的原书全部缮录。初期所聘撰述人限于清朝遗老，1934年增聘学者，余绍宋乃被聘任艺术类撰写。乾隆《四库全书·子部·艺术类》只收81部，而余的《续修提要》则有262部，三倍于往昔，这得力于他已有《解题》的坚实功底。后因战事未及排印，仅有油印本保存于日本京都大学人文科学研究所。1970年，经台湾商务印书馆王云五与该所平冈武夫教授洽商，将油印本复制，在台北排版印行，共十二册，于1972年1月起出书，每月一册，一年出齐。此距作者完稿之日已是35年之后了。

余绍宋的画史画艺的研究，得力于北京故宫博物院馆藏及梁启超饮冰室藏书者甚多。余曾任故宫博物院维持委员会常务理事，得以广览历代名家真品佳构。也因此，他对书画的鉴评辨伪的能力特高，这在他以后主编的《东南日报》特刊《金石书画》中有较全面的反映。他还写过《初学鉴画法》，曾刊于南开大学校刊。梁启超是余寓天津友人郭芸夫家时的近邻，两人朝夕过从，纵谈学问。饮冰室藏书丰富，余氏博览无遗，为考查诸书画书籍之有否存佚，在梁处查检目录书籍百余种，获益匪浅。其时梁正编著中国图书大辞典，曾言定他日《解题》书成后，将原有资料重为整理，以入图书大辞典的艺术部分。后来余绍宋省亲南归，梁又辞世，此事遂中辍。

余绍宋由学画而探求画史,从而在史学方面也做出了贡献。他还撰写过《补新旧唐书艺文志》一书,抄校过李清《南北史合注》(《四库全书》不收李清所著)等。他的《书画书录解题》,从目录学的角度来看,扭转了我国尊经轻艺的传统,开创了书画书籍的专目及解题的新局面。

余绍宋的画论散见于他的书画创作的题识中,现正由其孙余子安搜集,其成篇的著作有《国画之气韵问题》《学画师承记》等。

二

余绍宋在方志学领域的成就,自梁启超高度评价以来,一直为世人所推重。他自幼受父、祖的熏陶,有志于修志。及长,专心于经世之学,涉览群书,尤喜研究史学。当他读到章学诚所著《文史通义》时,深知方志为史学之雏形。回忆其父亲谈及志乘年久失修,屡欲修而不成的往事,乃取《康熙龙游县志》细读,发现有许多不足之处,经改订校对,写成《旧志订讹》一篇。这是他有关方志学的最早著作,时在 1903 年,年仅 21 岁,任龙游县学堂学长。

1921 年 10 月,余氏由北京司法部任内返衢州省母,受聘为纂修龙游县志总纂,旋邀祝康祺来龙游坐办修志局事。余一反通例,亦不全用章实斋氏之说,订定编纂条例。1932 年辑成《万历龙游县志辑佚》一册(稿),更定祝康祺所编的采访员章程凡十九条,撰写名宦传及《重刻万历壬子龙游县志序》(1923 年重刊《万历龙游县志》成书)。这大量的编撰工作,均由余氏一人承担。其时,他除任北京法政大学教授外,几乎阅遍了北京图书馆收藏的所有有关浙江的地方志,又参考了大量有关龙游地方的书籍。仅氏族考就调集数百家谱牒,进行研究分析,认真取舍。职官表在康熙后已无所凭借,他搜片段于文集、笔记、诗歌、井栏等。其他各类征引书籍多达四五百种。三四年间为了查询、审核,余、祝往返通信达三百封之多。这部一百数十万字的民国《龙游县志》,数易其稿,终于 1925 年告成。梁启超为之作序。余氏自己写了长篇"叙例",自述其治方志学的心得与主张;卷末写了"前志源流及修志始末"。此书同年由北京京城书局出版。1983 年,台北成文出版社影印出版,编入《中国方志丛书》,但仅系初稿四卷,而完整的四十二卷本却没有收录。

梁启超对民国《龙游县志》十分推重。他说:"越园之治学也,实事求是,无征不信,纯采科学家最严正之态度。剖析力极敏,组织力极强,故能驾驭其所得之正确资料,若金在炉,惟所铸焉。其为文也,选词尔雅而不诡涩,述事绵密而不枝蔓,陈义廉劲而不噍杀。"梁在谈到民国《龙游县志》在方志学中的地位时说:"吾常以为实斋以前无方志,故举凡旧志皆不足与越园书校。""越园之学,得诸章实斋者独多,固也。然以此书与实斋诸志较,其史识与史才,突过之者盖不鲜。"在谈到章、余二人的比较时说:"无实斋则不能有越园,有实斋不可无越园。"

关于余绍宋治方志实事求是、无证不信的严谨态度,可举下例说明:曾任龙游(唐时称盈川)县令的初唐四杰之一的杨炯,旧县志因袭新、旧《唐书》之说称以酷吏。但余绍宋发现盈川城隍庙奉祀杨炯一事,乃实地查证,考核史实,在修志时为杨炯平反,杨炯第一次被县志列入"宦绩"门。论者以为此乃其科学态度论断历史人物功过的典型表现。

1942 年 5 月,浙江省文史资料征集委员会成立,聘余绍宋任主任委员。后改为省通志馆,余为馆长(副馆长何炳松未到职),孙延钊任总纂,订期八年完成重修《浙江通志》任务。

浙江省的旧志原有明嘉靖胡宗宪修、薛应旗纂的七十二卷本,清康熙重修的五十二卷本。后又有乾隆元年刊行的雍正时重修的 280 卷本,此本多次重刻,民国时有影印的通行本。自雍正至民国历时两百余年,几经兵灾,文献湮没十分严重。民国初,曾以雍正通志体例为基础设局重修,聘喻长霖任总纂,修了十多年,后志局停办,成稿不多,原稿又多散失。这部未成的通志稿,体例陈旧,断代止于清季末年,对民国的事,未曾提及。修志者以"清朝遗老"自命,对民国有关的地方刻意隐讳,甚至对孙中山先生或革命党人,尚沿用清廷称谓曰"乱党"。

余绍宋修浙江通志,一本科学态度与时代精神,识解过人。当时尚在抗日战争期间,设馆于浙南云和,僻壤荒陬,人才、载籍两乏,经费又甚困绌。他新订体例纲要,区为二十九编,五百零四章,计"纪"二,"考"十二,"略"十二,"谱"二,"表传"一。编年之下详分节目。浙江为东南学术荟萃之区,这部通志凡浙人著述,自汉、唐以迄民国,又省外人、国外人有关浙省著作,均论列之。至于存佚及待访各书,皆有统计备览。

余绍宋为征集史料,集思广益,于 1944 年 5 月,在《东南日报》设《文献汇刊》专栏,月出两期;1945 年 2 月,又与志馆同人创办《浙江省通志馆馆刊》，使各种不同见解能在馆刊上发表，对新志体例有各抒己见的园地，这对后人启迪良多。

1945 年秋，抗战胜利后，省通志馆绌于经费，全馆职员薪米不继，既成之稿 125 册，也无力付印。1949 年 3 月 8 日通志馆停办。其间已印仅《重修浙江通志体例纲要及目录》（初稿）与《田赋篇》二种。到了 1982 年，才由浙江图书馆刻印了《重修浙江通志稿》。

余绍宋一生喜蓄方志，尤重浙省，曾搜得各府县乡村志四百余部，其中有的旧志属孤本。他"平时读书，无坚不破，精悍异于常人"。读方志更是如此，每读必书提要于卷端。他原拟仿照《书画书录解题》，将读志提要汇录成书，后因故未即录出。抗战中所搜方志书籍未及带出，均告毁失。他有诗《亡书叹》云："簿录集方志，搜罗穷九垓。提要已垂成，一一绳史裁。汗片不可致，一旦尽罹灾。半生心血瘁，念之肝肠摧。"真是方志学的一大损失。

三

余绍宋在书画方面，自谓"书法第一、竹次之"。他由书而画，作画如作字。书法合山阴王羲之父子矩矱与章草法度为一，以行草为佳，沉厚茂密，行间有遒健深博之气。而绘画，则自称"用写章草的笔法画竹"。其实，观其山水画亦然，笔笔有法度，且善用奇局，更喜绘寻丈大幅，别出机杼，气韵天成。画界耆宿黄宾虹于 20 世纪 30 年代撰文谓其"远师石田，近比师曾，颇不为时习所囿，皆杰作也"。

余绍宋的书法有草书《述书赋》、行书《归玄恭越游诗轴》等，国画代表作有《龙丘山图》《归砚楼娱亲图卷》《沐尘岁寒三友轴》《烟江叠嶂图卷》《墨林》《万玉垂芳图》等。他的《晚秋》山水轴，20 年代曾在莫斯科、柏林、巴黎展出，名重一时，但展出之后不翼而飞，谁知后来有人竟自海外觅归原主。他曾画《风、雨、雪、月》四帧墨竹，日本天皇裕仁之母重金购去，并特电向中国政府祝贺。

余绍宋著《寒柯堂诗集》，1947 年付梓（1972 年台北商务印书馆影印重版）。该集系余在抗战时期的咏怀纪实、伤乱愤世之作，字里行间充满爱国情操与抗日意志，反映了战时颠沛流离民不聊生的社会现实。他于1942 年付印的《宋诗集联》五卷，把宋诗不同作家的名句掇合一起，对偶成联，虽非创作，却胜似创作。

余绍宋先生，浙江龙游人，清光绪九年（1883 年）旧历十月初六日出生于衢州，1949 年 6 月 30 日在杭州寓所病逝。所遗藏书 1.6 万余册、古书画碑帖及自作书画等数百件，悉数捐献政府，获省府褒奖状。在极"左"路线的影响下，竟于殁后两年（1951 年）定谳，被戴上"官僚反革命分子"的帽子，直至 1984 年 9 月才得以平反。在此 33 年中，人们怀念他的学术成就，他的名字仍然载列有关辞书典籍；陈叔通先生选印的画册，选他的书画作品二十余帧之多；方志学家魏桥在《中国地方史志》中也为之专文介绍。海峡两岸在这 33 年间，先后大量地重印、原本影印或首刊他的作品。1982 年，浙江人民出版社影印出版了《书画书录解题》，尽管版权页不列著者姓名，但文史书画界人士都知道这是余绍宋的力作。当年阮荀伯先生曾说："樾老的诗、文、书、画，无一不佳，皆系必传之作。"诚为不易之论。

余绍宋为人耿直，轻视名利。青年时代，与挚友马叙伦创办《新衢州杂志》，宣传民权、平等思想，因"慈禧画片案"，险陷大狱。在 20 年代，以法律为武器，与当时制造"三一八"惨案、"金佛朗案"的军阀统治展开不调和的斗争，直至辞官抗议。到了国民党统治时期，他弃绝仕途，卖画为生。抗日战争中，在"合法"的民意讲坛上直言敢谏，为民请命。他的民族气节和道德情操，为人所重。北京大学王学珍教授最近在团结出版社出版的《余绍宋》集中著文说："余绍宋先生不愧为我国近代卓有成就的学者，可惜的是过早谢世，……失去了为新中国的艺苑施展鸿才的机会。"生不逢年，人寿无情，良可叹惜。

1989 年 5 月

录自浙江人民出版社 1990 年版《浙江近代学术名人》。

论余绍宋的民主、法治思想

朱馥生

　　余绍宋先生是我国著名学者,秉性刚正,嫉恶如仇;且学识渊博,治学谨严,文史艺事,有多方面的素养与造诣。青年时代,余绍宋与马叙伦同在江山县立中学堂执教,组织"天足会",办《新衢州杂志》,宣传民族民主思想,因"慈禧画片案"出走东瀛,攻读法律。余绍宋限于客观因素,专致于学术,未曾投入辛亥革命的洪流,但他坚持法治,提倡民主,仍然是民国时期一位站在时代前列、具有先进思想的人物。

　　余绍宋从 1906 年留学日本迄 1927 年辞去司法储才馆学长为止,有近二十年的法学教育与司法行政的工作经历,其间"拒签金佛朗案"事件轰动全国。他晚年以学者名流身份被选任国民党全国、省级两项民意代表近九年,为民请命,直言敢谏,也为社会称颂。只是由于他在方志、鉴古、史学、书画艺术与书画理论等方面的杰出成就,掩盖了他法学教育方面的造诣与坚持法治、力争民主方面的表现,因而为世人所忽略。

一

　　余绍宋先生 24 岁(1906 年,光绪三十二年)时留学日本,入东京法政大学法律科,与许壬(养颐)、阮性存(荀伯)同学。1910 年初回国,清廷以法律科举人授外务部主事,后返杭州。民国成立后任浙江官立法政专门学堂教务主任。当时,官立法政学堂的学生,或为候补知县,或为富家子弟,阮、余等破除知识为上层社会所专有的传统观念,使"一般人民得受法律教育",乃创办浙江私立法政学堂[阮毅成编著,《民国阮荀伯先生性存年谱》第128页(台北版)],由阮任董事长兼校长,余任教员。1913年,余绍宋入京任众议院一等秘书,久居北京。后历任司法部佥事、参事,北京法政专门学校校长、教授,司法储才馆教务长、学长等职。1921年(民国十年)3月,余任司法次长,旋代理总长。是年9月,赴南方各省考察司法。10月底祝母寿归省,正式筹备修龙游县志事,受聘为总纂。11月返京。12月28日辞去署司法次长职务。1926年3月,重任司法次长。1926年5月辞去司法次长职务[《民国人物小传》(见《传记文学》杂志第42卷第140页)]。1927年8月,辞去司法储才馆学长等一切职务。11月返衢州。从此结束宦游生涯,潜心著述,以书画消遣。是年余绍宋四十三岁。

后来,余绍宋虽曾一度(1932年1月)被聘为外交部高等顾问,但未到职。他摒弃仕途,专心于书画艺术的创作与研究,《书画书录解题》六册就是在这一年刊行的。

抗日战争时期,自1939年4月起,余绍宋被选担任浙江省第一届、第二届临时参议会参议员,继任副议长,在议长陈屺怀病逝后一度代理议长,辗转浙南抗敌前哨直至抗战胜利之后凡七年。1946年9月1日,浙江正式成立省参议会,余又被选为参议员。1946年7月,国民党当局撕毁政协决议,单方决定召开"国大"。余绍宋事先向地方父老声明,不拟应选,但结果仍以社会贤达身份由家乡龙游县参议会选为"国大"代表。1948年3月,他出席行宪"国大",投票选举蒋介石、于右任为正副"总统"[《记余绍宋先生》(阮毅成著,台北版《彼岸》第111页)]。

二

余绍宋先生中青年时期近二十年的法律教育与司法工作,有几件影响很大、最能表现他不畏权势、坚持法治精神的事件。

第一,维护法制尊严,为罗文干被诬事件呼冤。罗文干是1922年王宠惠组阁时的阁员,职掌财政。他与顾维钧(外交)、汤尔和(教育)属于英美派。这个内阁是大总统黎元洪屈从吴佩孚的意见而组成,受吴佩孚的控制,为曹锟所不满。曹锟的保派人物便结成一道反吴的联合阵线,策动倒阁,并在财政总长罗文干身上开刀。是年11月18日,段祺瑞御用的国会总议院议长,借口罗文干与华义银行代理人罗森达、格索利擅自签订奥国借款展期合同,换发新债票,使国家财产受到五千万元的损失,迫使黎元洪下令违法逮捕了罗文干,送交地方检察厅。奥国借款是由巴黎和会议决作为赔偿中国的一种债票, 当然不能有签订新的合同、换发新债票的理由。但逮捕财长罗文干是违法的。

余绍宋为了维护法制的尊严, 当然也出于与罗文干的交谊(罗在1921年12月接替余担任司法次长。组阁前罗由司法总长转任财政总长)站出来为罗鸣不平。并由余的好友, 曾任国会议员、办过《晨钟报》的律师刘崧生免费辩护。余认为制造罗案是一系列的违法:首先是议长吴景濂违法。吴在查办案尚未提交国会前, 由他个人代表国会署名, 胁迫总统下令逮捕阁员, 是违法的。其二, 总统违法。事实尚待查明, 内阁未经罢免, 总统凭一面之词, 直接下令逮捕阁员, 严重破坏了责任内阁制。其三, 内阁总理王宠惠违法。奥约展期案未提交国务会议通过, 而由王宠惠个人做出决定, 批示"应照最后磋商办法速订展期合同, 以资结束", 这是不合法的。其四, 奥约展期合同的经办部门是财政部公债司, 现仅连带告发库藏司长黄体廉, 也是不合法的。余绍宋还认为国会在事后没有追究议长滥用职权、冒发公文的违法责任, 也是违法的。

罗案的发生与余绍宋的正义行为, 受到梁启超、蔡元培、蒋梦麟、邵飘萍等知名人士的声援。梁启超指为"蹂躏人权"。当时任北京大学校长的蔡元培, 公开谴责议长吴景濂等"险恶", "为倒阁起见, 尽可用质询弹劾的手段, 何以定要用不法行为, 对于未曾证明有罪的人, 剥夺他的自由?"谴责总统黎元洪"大事糊涂", 受人胁迫, "对于未曾证明有罪的人, 草草下令逮捕"。蔡并于1923年1月17日, 提出《为罗文干遭非法逮捕案辞职呈》, 坚辞北大校长(见《蔡元培政治论著》第203页)。

根据临时约法规定, 对于失职、渎职的阁员只能提出弹劾而不适用查办, 查办的对象是一般官吏(见《中华民国临时约法》第19条)。余绍宋站在法治立场上, 为罗文干翻案, 可谓义正词严。在军阀专横、政治界充满争权夺利、内讧频仍、法律破产的当时, 他无畏无私, 敢于碰硬, 维护了法制的尊严, 表现了执法者的政治勇气。1924年夏, 在舆论与群众的支持下, 此案以罗文干获自由而结束。

第二, 维护国家利益, 拒签"金佛朗案"。"金佛朗案"是我国庚子赔款中的法国部分。原是海关平银一两折合三点七五法朗。按1905年条约规定, 中国赔款电汇方法用法国通用货币法朗计算支付。欧战后, 法朗贬值。

法国就强迫北京政府按照金价偿还。段祺瑞上台后,为了投靠帝国主义的需要,不惜出卖国家利益,于1925年4月,秘密与法国签订了一个协定,接受了用"汇兑美金"代替"金佛朗"以偿付法庚子赔款的无理要求,使中国多付关银六千二百余万两。而段祺瑞政府的官员却从中捞收不少好处。同时,意、比等国亦援例办理。当时段政府的司法总长卢信竭力反对此案,愤而辞职,不再到部视事,部务乃由次长余绍宋负责。段政府就逼余绍宋签字。余拒绝签字,并说"虽殉身不顾",使段祺瑞十分恚恨。

余绍宋在1926年4月写给祝康祺的信中说,"金佛朗案为最失法之事","损失国库一亿三千万元之巨[据《中国现代史大事记》(梁寒冰、魏宏运主编,黑龙江人民出版社1984年版)第54页,"使中国多付关银六千二百余万两"]。"其中黑幕牵涉尤多"。此事"有关司法办理,偶一失当或稍偏颇,不特个人名誉扫地,而使司法牵入政治旋涡,必大损司法之尊严与威信"。

当时反对"金佛朗案"的原告发人、总检察厅检察官翁敬棠(福建人)不满意总检察长之复呈,径向司法部呈请复议,而媚外残内的段祺瑞则逼迫司法部严厉驳回翁敬棠,妄图把这件使国家受耻辱、受损失的案子无形中取消。余绍宋坚持不从段政府的命令,难能可贵。

第三,辞官抗议军阀政府残杀爱国学生。1919年5月4日,北京爆发爱国学生运动,遭到军阀政府的镇压,逮捕了许德珩等三十一名学生和一个市民。徐世昌大总统训令"所有当场滋事被捕学生"应即"送交法庭依法处理"。余绍宋同情学生"外争主权、内除国贼""拒绝在和约签字"等爱国要求,认为"此番外交失败事件种种经过,群众太息痛恨于曹、陆之误国,语语有根据,绝非谩骂"。

1926年3月18日,段祺瑞军阀政府制造了血腥的"三一八"惨案。这一天,北京总工会等团体和各校学生五千余人,在天安门举行"反对八国最后通牒国民大会",抗议日舰炮击大沽口和各帝国主义的侵略罪行。会后群众赴执政府请愿,要求段政府向日本侵略者交涉,停止炮轰。段祺瑞在帝国主义指使下,派军警残酷镇压,开枪射击学生群众,死四十七人,伤二百余人。惨案发生后,段政府诬说爱国青年受共产党煽动。当天下午召开阁员会议,段问司法总长卢信有何意见,卢答只有依法办理之一法,旋某人拿出预先拟好的"命令"文稿,段付阁员讨论,及令商定,各非段派人员散后，段竟于阁员署名之后，又在令文稿内加入"煤油炸弹"等句。卢于翌日得地检厅报告后，始知惨案真相，因于3月20日阁议中痛论政府应付之失当，并申言惩办卫队暴行。旋经决定下一"交陆军、司法两部依法办理"的命令，将卢所提之"惩办"字样改为"办理"，卢当场提出总辞职，并称"如大家不走，我一人走"，于是内阁始有总辞职之事。及慰留后，阁员仅有五人，卢犹不允复职，国务会议遂不能召开。段派指卢拆台，卢仍不到部而出席国务会议，由次长余绍宋代理部务，同时嘱地检厅"依法办理，勿稍瞻徇"。旋九校代表控告政府，地检厅乃对段祺瑞等依法传讯〔见《卢余免职之前因后果》（1926年4月北京《晨报》）〕。余绍宋与卢信的主张完全一致，全力支持。他肯定并支持学生的爱国行动，坚决主张惩办祸首，伸张法纪。余绍宋最后辞官抗议，被段祺瑞免职。

　　关于这一件事的处理和余被罢职的经过，余绍宋在给祝康祺的信中也有较详细的叙述。认为政府"不应开枪残杀""诬学生为共产派""政府意欲由部密令检厅（对执政及国务总理等）为不起诉处分，冀以了结。俔（指余自己——笔者注）自不能允"。又说"总次长同时免职，且不经议而径行，实开国以来所未有。……卢君与俔维持司法不畏强御之精神，乃大白于天下。……"

　　"三一八"惨案引起了举世震惊，中国共产党为此发表《为段祺瑞屠杀人民告全国民众书），号召全国人民团结起来"打倒惨杀爱国同胞的段祺瑞"，用武装革命推翻帝国主义、军阀的统治。天津、上海等地人民群起响应，举行集会示威，要求"废约驱段，保障民权"。鲁迅、闻一多、朱自清等都旗帜鲜明地抗议段执政屠杀人民的罪行。余绍宋辞官抗议的行为，在主观上是他秉性刚正、执法不阿、不恋功名、重视气节的表现，在客观上声援了全国人民的正义行动，支持了正在蓬勃兴起的进步力量。

三

　　余绍宋先生晚年曾任抗战期间的浙江省临时参议会参议员直至代议长七年余（1939年4月—1946年9月），这段经历，一向不为人们注意；抗日战争胜利后，复被选任"国大"代表，参与选举"总统"，人以为诟失。笔者认为，在日寇侵凌、国难深重、民族处于生死存亡之际，有识之士均以团结战斗、共赴国难为第一义。抗战初期，浙江最早设立省临时参议会，是适应抗战需要，符合民意的。省临时参议会揭露施政疵弊、官吏贪枉，团结各界力量以争取抗战胜利，在一定程度上和一定范围的一段时间中起到了它的积极作用的，是不能一概抹煞的。更何况各个成员各有不同的情况，应与整个机构有所区别。抗战后期省临参会的是非功罪是一回事，余绍宋在省临参会的表现又是一回事，不能混为一谈。

根据有关资料及余绍宋各次言论，余绍宋是为老百姓讲话的。他每次询问、发言、质询或提案，均以能言与敢言著称。他在1940年作《庚辰谣》十三首，对战时民生疾苦、官吏失职做了如实的、沉痛的申诉。诗序中说："爰托于讽谏之义而作是诗，非敢自诩诗史，所谓言之者无罪、闻之者足戒也。予以参与议政，亦有知无不言，言无不尽之责，知我罪我，所弗计矣。"表达了他强烈的时代使命感。综观八年来他多次言论主张，集中于"惩治贪污"与"减轻民负"二项，而这正是当年广大老百姓深恶痛绝而又欲诉无门的心里话。说明他在当时的历史条件下已经尽了他力所能尽的责任，也反映了他一贯的民主、法治精神。兹列举三事如后：

第一，为民请命不遗余力。抗战时期，由于日寇轰炸、窜扰、抢掠，人民生命财产损失惨重。劫后余民生活至为艰难，加上浙江当局巧立名目，重增民负〔黄绍竑著《在战火中主浙八年》见《第二次国共合作在浙江》（浙江人民出版社1987年7月出版）第42页〕，人民益形困厄。余绍宋目击时艰，心有所危。他第一次在省参议会所提的案件，件件是针对施政弊端，从纾解民困出发的。诸如：拨省粮食处盈余办理平粜；省盐应先供应本省内销，有余始运销外省；粮食管理方法，应因地制宜分别；预防柴荒；等等。以后各次会议，他总是强调"发展生产，舒缓民力"，力主废止各地临时自由征税与无节制的地方劳役。他运用临参会的法定职能，对浙江"田赋之特重、各县财政之奇绌与摊派之酷虐"，列举事实径电中央，痛陈利害〔浙江省临时参议会二届四次大会闭幕致词（1945年12月8日）〕。

在八年全面抗战中，余绍宋还担任过浙江省赈济会常务委员兼难民工厂监察人，赴衢、温二属各县，抚辑流亡，赈恤灾民，做了不少实事。使这位本来喜欢接近民众的人，进一步体察了民生疾苦的社会实际。他在《寒柯堂诗集》中留下了无数"战乱流离、天灾人祸"的纪实诗篇，说明他对下层社会劳苦人民的同情与对施政失当者的愤慨，也如实反映了这位民意代表的思想观点。

抗战胜利后，正式省参议会成立，在省临时参议会结束的一次会议中，他与议长朱献文联合提出四个提案，又单独提出四个提案，仍然集中在调整田赋科则、减轻浙省特重之税收、废止田地收益捐、停购军粮、调整县政组织人事等项。当然，这些主张对国民党统治者来说，无异于与虎谋皮，是起不了什么作用的。但就余绍宋本人来说，他的这种不计个人得失、敢于犯上直言的精神，是应该肯定的。

第二，对浙赣战役的指挥失当，提出谴责。1942年夏秋间，日寇进犯浙赣铁路。余绍宋身经战乱奔徙之苦，更从沿途见闻中深感人民受祸之惨，非常痛心。他在一次大会上公开指出，造成"地方糜烂、生民荼毒"是由于当局处措失当："不应该事先谓绝无可虞，而临时又匆忙先行撤退。"他在是年10月16日在云和举行的临参会六次大会闭幕词中说："这次敌人窜扰，与前几次不同，异常残酷，而且有许多情况，并非受敌人之害，而是遭了自己人的蹂躏。这种痛心的事，我们应该评述。""这件事情，党政方面所不能说的，我们以人民的立场表示意见。"

1944年7月，丽水陷敌。当时丽水有国民党八十八军一个军，其中有美国装备的突击营。但闻风后撤，只留一个团守城。日军一进逼，这一团人激战数个小时不支失守。余绍宋对卫城的八十八军未尽天职，十分不满。他写诗明志，认为他有责任揭发出来。诗云："我既负言责，近复侧史筵，立言首尊攘，秉笔贵信传，秽迹赖以暴，敌忾赖以宣，并以寇所嫉，避地难久延……急难赖同心，颠沛表贞坚……大难犹未已，再厉期勉旃。"

第三，坚决主张没收陈璧君逆产作地方公益之用。抗战胜利后，余绍宋非常希望人民休养生息，重振中华。他一面深感"八年苦战力已疲，万众遭毒嗟流离，国基重危若累卵，民命尤贱真如丝"，一面却看到有权有势者发了"国难财"后继以发"接收财"。1946年9月1日，他在省正式参议会上，对处理汉奸陈璧君在龙游十里坪农场逆产一案向国民党中央派驻苏浙皖敌伪产业管理局驻浙办事处主任提出质询。该农场原系陈璧君运用了政治力量而建成，强圈土地，征用民工。陈璧君曾亲来看过。但胜利后，国民党中央侨务机关竟说系华侨投资，与陈无关，引起社会不满。余绍宋据实要求没收归地方公益之用。参议会质询时，该主任诿称不知此事，后来该局撤销，此事就无下文。

以上种种，说明余绍宋对当年政治社会的丑恶腐败现象是看到了的，曾经利用"合法"讲坛大声疾呼过。他想通过"参政议事"来改变这个令人憎恶的局面,但为什么总是事与愿违,找不到一条能实现民主、法治的道路?对这一点,他限于自身的思想认识水平,当然是弄不清楚的。这位两次拒绝参加国民党的政界人物,在人民解放战争时期,还是寄希望于国民党当局的精勤图治,出席了违背人民意向的"国大",也就可以理解了。他不能透过社会政治的表象来认识国民党反人民、反民主、反进步的腐朽本质,这对他本人来说,实在是一个悲剧。但这有其历史的社会的原因,不能苟求前人。

1946 年以后,国民党又燃起内战之火。此后,他曾对人说:"国民党已在敲丧钟了。"说明他对国民党的看法已开始有点变化。1948 年下半年,人民解放军横渡长江,解放南京,余绍宋在形势的教育与北平和平解放的影响下,秘密参与了浙江省主席陈仪策划浙江起义的酝酿活动。12 月 22日,他在寓所邀吕公望、金润泉、张衡、阮毅成及刚由上海来杭的王晓籁等人密商并与金、张、王等去找浙江省主席陈仪。他回来后对人说,陈主席谓,船到桥头自会直,希浙人不必惊恐,亦不必对省政府的应变方针,多所疑虑。此后,余绍宋与竺可桢、金润泉、吕公望等组成浙江人民促进和平委员会并被推任主任委员。但不到一个月(2 月 21 日),陈仪事泄被捕,这个组织就无形解体。

杭州解放前夕,杭州市的进步人士考虑到国民党机关部队撤出后地方秩序的维持问题,由知名人士,工商金融界的头面人物吕公望、张衡、金润泉等组织了一个杭州临时救济会。余绍宋身体有病,但仍出任常委。5月 3 日,中国人民解放军进杭州不久,临救会乃自行解散。

四

余绍宋先生早期从政近二十年,两次任司法次长,两次辞退;晚年担任国民党"民意代表"七年余,直言敢议,不避权势。他这种维护民主、法治的精神,在今天看来,仍然十分可贵。

笔者限于学识,限于资料,无力对余绍宋的民主与法治思想进行全面的探索。下面只能提一点粗浅的看法。

第一,余绍宋先生系出名门,家学渊源深厚。祖辈为人耿直,不阿权势,为官清正,重视气节。他幼受曾祖父余恩鑅的熏陶较深。余恩鑅曾任广东连州府知州，方正廉介，不事私蓄。"每莅任，必先署联于门云：除暴可安善良，誓不宥行凶之命；为官若念孙子，岂敢贪造孽之钱。"尝谓"官有富名，祸也；贵而能贫，福也"。他"仕粤三十年，归装惟名人笔墨"。伯父余士恺，秉性高傲，善画花卉翎毛，粤中声名藉甚，"然非其人，虽显宦或赠以千金，夷然不屑为"。家庭的熏陶教育对余绍宋性格、气质及轻名利、重气节等思想的形成有很大影响。

第二，我国历史上有不少爱民如子、抗命执法的清官廉吏，他们的言行成为余绍宋能够接受的传统教育。这许多清官，经过民间传诵美化与艺术渲染后，更给人以深刻的印象。如北宋包拯，明代的况钟、海瑞等人，他们从巩固本王朝的长久统治出发，提出并实践了一系列"忠君宽民""兴利除弊""严惩贪残""澄清吏治"等政治法律主张，是对人民有利的。当然，封建社会后期，它的没落与腐朽是专制制度本身造成的，凭一两个"清官"是难以扭转乾坤的，也无法改变人民苦难的命运，但他们刚正执法，惩贪抑霸，毕竟给人民做了一些好事。余绍宋在四十二岁时，曾以"清、慎、勤"三字勉人，"公仆"须有"父母心"开导从政的后辈。晚年在任省参议会副议长时，更强调为官要"守法"、要"爱民"，提出"能守法，才能领导人民，并稳定社会；能爱民，才能团结人民，发挥人民的意志"的见解。都足以说明他继承了"宽民爱民"的传统品德。

第三，清初黄宗羲、王夫之、顾炎武等学者的政治思想的熏染与影响。黄宗羲倡"天下为主，君为客"之说，攻击君主是"天下之大害"。他认为，天下不应当是一家之天下，治理国家必须"分治以群工"，以"天下之法"取代帝王的"一家之法"；主张实行与君主专制帝王的人治相对立的法治，还主张实行让地主阶级的士大夫和知识分子广泛参加议政，以防止君主专擅，保证法治的实行。王夫之反对宋明理学，提出"求天理于人欲之中"，认为封建的礼义道德法律制度也是由人们的物质生活条件决定的，人类的生活欲望应该得到合情合理的满足。王夫之还提出"法与时变"的观点及"严于治吏，宽于养民""法贵简而能禁，刑贵轻而必行"等一系列带有民主性质的具体的法律主张。顾炎武的政治法律思想较黄、王要保守一些，但民主的色彩仍比较浓厚，认为要治天下之乱，必须废除君主繁密的独裁之法，使庶人能参加议政，由"百官分治"代替君主一人的独专，"以天下之权，寄之于天下人"，他的这种人治观点与地方分治的思想，实际上是要求民主、民权的一种朦胧的思想表现形式。他们三位思想家的政治思想与法律观点，虽然没有超出封建制度的躯壳，但都不同程度地带有民主主义的倾向与法治精神。这对世代书香、博览多闻、秉性刚正而富于进取的余绍宋来说，不能没有影响。

余绍宋在司法次长任内，曾制发近百条命令和通令，如严禁推金事对外滥行应酬；"对声明不告的民事案件，限一星期内提出意见书，否则迅报上级审核照案判决，以免拖延"等等，都与黄、王、顾等"清简、省刑、疏法"等主张一脉相承。他在任参议员期间的提案、言论，一贯地注重于"澄清吏治"与"纾解民负"，一而再、再而三地向当局者呼吁。这应该看作是他一生热爱祖国，热爱人民，力争民主、提倡法治的实践。

第四，余绍宋先生与他的前辈不同，他留学日本，专攻法律，欧美资本主义国家的民主与法治的观点，也给以崭新的思想养料。我国封建社会，法自君出，帝皇对立法、执法有独断专行的决定性的作用。而"法自君出"专制制度的必然结果，司法处于行政附庸地位，行政与司法混为一体，并粗暴地干预司法，皇帝生杀予夺，司法官吏怎能独立行使职权。民国初年的军阀敢于藐视法律，践踏法制，正是封建主义的遗留。而余绍宋敢于对抗最高执政，主张传讯段祺瑞，坚持司法的独立与尊严，也是他接受了资本主义民主法治思想的必然表现。

1988 年 1 月

录自朱馥生著，香港天马图书有限公司 2000 年 5 月版《敝帚集》。

《书画书录解题》目录学成就浅探

谷辉之

　　书画艺术是我国传统文化的重要组成部分。然而民国以前历代目录著作，无论官修私撰，皆以经史为重，于书画方面的著作收录甚少。清《四库全书总目》艺术类书画之属，收书七十一种，存目五十二种，收录虽较其他目录著作为富，但远未能纪历代藏书与著述之实。

　　余绍宋先生编撰的《书画书录解题》（以下简称《解题》），是我国第一部书画类著作的专科目录。全书收录东汉迄近代论书画之书八百六十三种，基本包括了中国历代有关书画艺术、书画理论的重要著作。《解题》不仅收录甚富，更以其考证详尽和评论精辟著称于世。后人凡论及书画或编制书画类目录的，无不将此书作为重要依据而详加征引。但是，作为一部目录著作，它在目录学方面的成就，却未能得到应有的重视和研究。本文拟从《解题》的编制体例及分类体系诸方面入手，对作者的目录学思想及目录实践的成就做一些粗浅的探讨。

一

　　《解题》是一部采用叙录体（"叙录体"的提法，据王重民先生《中国目录学史》之说）的提要目录，这是它在编制体例上的主要特征。叙录体提要自刘向始，一直为我国编撰提要的正宗。其长处为便于揭示一书的内容主旨、学术流别及著述得失。但它要求编撰者具备高深的学术造诣，"周知一代之学术及一家一书之旨趣"（清·张尔田语），因此撰写难度也最大。

　　综观《解题》中诸书提要，有如下三点特色：

其一,书必亲见。《解题》序例中开宗明义的第一条就是:"余平昔读书,每一书竟,必撮要为之解题。"第四条又说:"本编必曾见其书者,始行收入。"林志钧先生在序中也称他对所著录的书籍"一一通览无遗"。[林序云:"所著录……凡八百六十种,越园一一通览无遗。"(此说有误,因八百六十种中包括未见之书一百八十七种。)]可见余绍宋先生很重视阅读原著,这一点与刘向写校书叙录是很相似的。正因为如此,《解题》"绝无焦竑作《国史·经籍志》、尤侗作《明史·艺文志》摭拾旧目、颠倒挂漏之病"(林序)。对于未曾寓目之书,余绍宋先生虽也据其所知尽行录入,但别为一辑,附于十类亲见书之后。这种处理方法,使这部目录著作在资料的搜集上更为详备,体现了作者严谨的治学作风。

其二,言必己出。序例第四十五条云:"各书俱以鄙见为之解题。"可知诸书提要的内容,皆为作者的个人见解,非拾人牙慧者可比。余绍宋先生熟谙书法,擅长丹青,并对书画理论及书画发展史深有研究。他以书画家而为书画类之书作提要,故多只眼独具的真知灼见,从而使《解题》具有很高的学术价值,体现了专家编专目的优势。

其三,注重考证。余绍宋先生所撰提要,是以考证为基础的。考证范围包括所有著录项目,而重点则在书籍内容及其学术源流。历代论书画之书,相因相袭以致舛误百出已为通病。余绍宋先生对每种书都一一加以详审精核,以订舛误、杜抄袭,并在此基础上做出评价。如卷二《三希堂画宝》条下,余绍宋先生指出其"大部分取材于《芥子园画传》,次则《天下有山堂》(《天下有山堂画艺》)及《冶梅谱》,而加以改窜,语焉不详。其他皆袭旧时画谱,无足观览"。又指出"其以《芥子园》山石谱移入石谱,不知山水画之石与花卉画之石不同;又以屋宇谱移入仕女谱,不知界画非专用于仕女,易滋误会"。经过这番考证,此书面目便昭然若揭了。

《解题》于各书提要之后,还采用辑录的方式,附载了大量的有关资料,这是它的又一体例特征。在目录中辑录原书序跋、诸家书目及其他书中的有关资料,这一编辑方式由僧祐《出三藏记集》开其端,而由《中兴馆阁书目》及马端临《文献通考·经籍考》进一步发展成为提要体的一种类型。由于这一方式能汇集诸家的研究成果,故深为清代目录学家所重视。与《四库全书总目》在提要中引用诸家之言不同,与朱彝尊《经义考》完全以所辑资料作为提要也不同,《解题》是在自撰提要部分后罗列所辑资料,借此提高目录的参考价值。此外值得注意的是，《解题》对原书序跋及其他有关资料并非有见即录，而有自己的取舍原则。其于选辑原书序跋的原则为："但择其最有关系者摘录之。"对其他资料，亦根据各种情况分别做出不同处理："凡《四库提要》及他家著录已有评论考证，而与鄙见相合者，则不复重说，但录其要于解题之后"；"其别有见解及可供参证者，亦摘要录之"；而"或但举书之内容，或持论涉于空泛，或专论板本之优劣，俱与本编主旨不同，兹仅取以参稽，不尽采录"；至于"但袭成文，毫无心得"者，"则不复引及"。根据以上原则辑录资料，使此书虽广征博引而不失于芜杂。

二

建立按学理分类的书画类分类体系，是《解题》具有开拓意义的创举。

在《解题》之前，书画类书籍没有专科目录。而在历代综合性系统目录中，书画作为艺术类之属，其子目一直未能建立起来。那么在书画类著作中有没有按学理分类的先例呢？序例第五条指出："汇辑书画之书，大都以时代为次，如《法书要录》之属；亦有以文体分类，如《书苑菁华》者。……略可称学理分类者，为《墨池编》。惜其分类太简，且所录多散篇，较易排比。"《墨池编》为论书法之书，属书类，而"画类之书，并若此者无之"。

书画类分类体系未能建立起来的原因何在？《四库全书总目》艺术类书画之属后的案语很能说明问题，摘录如下："考论书画之书，著录最夥。有记载姓名如传记体者，有叙述名品如目录体者，有讲说笔法者，有书画各为一书者，又有共为一书者，其中彼此钩贯，难以查分。今通以时代为次。"由此可见，书画类子目未能建立的原因，在于书籍内容复杂，"彼此钩贯，难以查分"，故不得不"以时代为次"。针对这种情况，余绍宋先生总结了历来"以时代为次"与"以文体分类"两种方法的利弊，提出了"欲明斯学著作渊源，以求学理进展之迹，舍以学理分类之外，其道末由"的主张。本着明类例的宗旨，余绍宋先生借其对书学、画学以及目录学的深厚功力，以一己之力，草创了前人不敢措手的书画类分类体系。

《解题》设置了十类四十目，兹列分类表如下：

甲　史传　历代史　专史　小传　通史

乙　作法　体制　图谱　歌诀　法则

丙　论述　概论　通论　专论　杂论　诗篇

丁　品藻　品第　评骘　比况　杂评

戊　题赞　赞颂　题咏　名迹跋　题自作　杂题

己　著录　记事　前代内府所藏　一家所藏　鉴赏　集录

庚　杂识　纯言书画者　不纯言书画者

辛　丛辑　丛书　类书　丛纂　类纂　摘钞

壬　伪托　书部　画部　书画部

癸　散佚　书部　画部　书画部

以上类目剖判明晰，不但使所录书籍一一有所归属，而且全面地概括了历代书画类图书的实际情况，正确地反映了传统书画艺术、书画理论的学术体系。表中类目虽仅二位类，但应该看到这是专科目录。书画类在综合性系统目录中，若按常用的四分法，属子部艺术类，已为第三位类，其下所设十大类当为第四位类，而四十目则为第五位类。应该说，这个分类表是相当严密而详备的。

《解题》没有类序，其关于分类表的说明，主要是通过序例的有关条目来完成的。序例第八至第二十四条，是对分类原则及各类目范围的定义性质的说明。以第八条史传类的说明为例："数典穷原，端资历史，故以史传一类冠篇。唯我国向无书画史专书，兹凡记述书画家事实而无类书性质者，入之。区为四目：其记载历代书画家者，以历代史；专记一类之人，如方外、闺阁，一类之画，如院画、墨梅，及一地方之书画家者，为专史；其书虽非史传体制，而附有略传者，为小传；又一目为通史，非旧时著述所有也，故为书不多。"这一条对史传类的收录范围及所属四目的划分原则作了简要的说明。按此分类，自然可做到繁而不乱，位而名当。

对分类体系做了原则的说明之后，便涉及书籍的具体归类了。对此，作者提出了自己的分类规则，试举二例说明如下：

一、书籍归类的依据。序例第三十六条云："自昔书画家性情恒多萧散，偶有撰述，率意命名。有名为史传而实为著录者，……又有续前人之书而性质不类者，……今若仅就其名而为分类，则是治丝而棼之矣。兹故一以书之本质为断。"第三十七条云："各书文体如何，兹编亦不注重。例如诗赋不尽入题赞，仍依其性质分入各类，其他可推。"从以上两条，可知作者将书籍内容性质作为归类的唯一依据。

二、跨类书籍的处理方法。由于"学理分类亦但能得其大体，未能十分明晰"（《解题》序例第六条），因此必然会产生跨类书籍的归属问题。对这类书籍，《解题》用"互见之例入其重者之类，其他类中则于后低一格书之"（《解题》序例第三十五条），并设置了"总目叙略"。"总目叙略"的体例与作用相当于分类简目，著录项目除书名、著者等项外，尚有"略说其归类之由"一项。如史传类小传之属《书林新咏》条下注云："此书意在传其人，诗仅为其点缀，故不入题赞类中之题咏。"又如论述类概论之属，《续书谱》条下注云："此书本应列通论，因历来论书者皆以为续过庭之书，姑列此，以便稽检。"由此可见，《解题》的分类体系从类目的设置到具体分类规则皆有创新。

三

"著者时代及著书年份表"（以下简称"一览表"），为余绍宋先生的又一创例。"一览表"分为五格，其内容：一著者（姓名），二年略（记著者生卒年），三书名，四成书年份，五类别。

作者在序例中写道："前言撰人时代与知人论世有关，今既以学理分编，未能顾及，因将编中各书除伪托及散佚、未见者外，按照撰人时代先后编一总表，名曰'著书时代一览表'（此称与表前所题名不同，以后者为准），以便考稽。"很明显，制"一览表"的目的是补学理分类之不足。《解题》是一部按学理分类的目录著作，"一览表"的体例及作用相当于著者简目，作为对分类目录的补充，它实际已成为《解题》的补编。其作用被作者称为"有两种益处：其一，则一时代著书之多寡一览而得，可据以觇各种学术之盛衰；其二，成书之先后既明，则一学说之创始因袭了如指掌，庶几考订征引悉有据依"。

"一览表"又是一种检索手段。一部比较好的目录著作，都具备两种以上检索手段，这是我国目录学家的优良传统。对此，余绍宋先生首先是继承。"一览表"及著者索引与"总目叙略"配合使用，使《解题》具备了两个不同的检索点。在继承的基础上，余绍宋先生又采用了西方的加附著录手段。"一览表"中"作者年略"与"成书年份"两项，是《解题》正文及"总目叙略"的著录项目中所没有的。

注重著者款目，注重作者生卒年的著录，为西方目录学特征。由于其符合书画类目录的编制需要，得到余绍宋先生的重视。

"凡言书画之书,命名恒多重复或类似,如《书评》《评书》《画论》《论画》《书法》《书诀》《书说》《书谱》等等,错杂纷纭,不可究诘"(《解题》序例第二十七条),因此,书名款目的弊端尤为明显。而《解题》新创立的学理分类体系,不可能在短时期内为人所接受和熟悉,"一览表"的设立便显得更为必要。它在区分重复及类似书名方面,在集中反映著者的书画著作全貌方面,都充分发挥了优势,成为这部目录著作一个不可缺少的组成部分。

最后值得一提的是,"一览表"的编制还具有典型性,较全面地反映了余绍宋先生对传统目录学的继承和对近代以来中西方目录学成就的吸取,以及他所具有的独创性。

录自团结出版社 1989 年 1 月版《余绍宋》。

余绍宋和邻竹斋

劳乃强

　　自 1937 年冬直至 1943 年 8 月这段时间，余绍宋主要生活在龙游南乡沐尘村，借寓巫氏"邻竹斋"。

　　住在此完全是从安全角度考虑。阮毅成所著《余绍宋先生》有这样的记载："民国二十六年四月，我到金华任职。六月二十六日，樾老从他的家乡龙游回到杭州去，特地在金华下车，停留一晚，与我见面，住在城外的中国旅行社招待所。他说：中国战争不可避免，他准备先将眷属从杭州移回龙游。为了避免空袭，不能住在城内。幸而有位巫瑞琛君，家在龙游的乡间沐尘，地在万山之中，为防空袭的最佳所在，而又为往遂昌的公路所经过，交通仍属便利。巫家屋宇宽敞，自题名曰邻竹斋，而瑞琛虽系乡人，却也雅好诗文，十分欢迎他去住。"其时日寇炽焰日盛，余绍宋为避免日寇的淫威与挟持，不得不早作安排。何况先生自 1928 年南归定居杭州后，一直以书画自娱，不曾沾得一官半职，如不及早计划，一旦寇兵入侵，急切中又哪里去寻觅交通工具？

　　沐尘是龙游南部仙霞岭余脉中的一个小山村，灵山江与三元岭水在村东南交汇，绕村而去，四周群山围抱，景色秀丽。邻竹斋为巫氏新建，单开五间，有楼，与建于明末的巫氏故居相连，坐北朝南，西边和南边均有竹园，宽敞高爽，环境清幽。对这里的环境余绍宋十分满意，把它比成陶渊明笔下风光诱人、民风淳朴而又偏僻安全的桃花源：

　　　沐尘去郭远，山深绝嚣纷；双溪绾其前，列嶂封其津；伴云开岩洞,俨若重城闉;危滩咽乌石,亦似张吾军;田庐忽开朗,鸡犬自相闻;松竹四山合,烟雨一溪屯;风物似桃源,相传可避秦。

更使余绍宋称心的是,沐尘是个竹乡,竹箨漫山,满眼皆翠,邻竹斋名副其实地与竹为邻。生活在这竹的世界里,日夕与翠竹相亲近,以竹的风节自励自策,对竹泼墨,作画赋诗,这样的乐事也是他始料不及的,正可谓"虚堂喜邻竹,啸傲尤得所。避难乃得乐,奇事前无古"。在邻竹斋,余绍宋写了大量的咏竹诗:"松竹围四山,秀山挹林丘";"绝巘危崖余一径,幽篁丛筱静无声";"未雨声还起,无风韵自清"。这是写景。"万山修竹绿成团,此是南乡最胜观,安得结庐泉石畔,挥毫一日写千竿。"这是借景抒情。"寓斋幸与此君邻,舞写丛枝倍有神。多谢虚怀能识我,悄无人处更相亲。"这是把竹人格化,当成能互相沟通,互相理解,相亲相近的老朋友。对竹的那一份挚爱,溢于言表。

竹类因其直生、中空、有节的形象,而被历代文人雅士视作虚心正直有骨气的志士之象征,与梅、兰、菊、松一样受到人们的喜欢与推崇。余绍宋在抗日战争的烽火中避居沐尘,更把自己那一份忧国忧时的情愫和抗战必胜的信心寄托于竹子,以竹咏志,以竹明志,以竹的品格气节自励。日酋近卫文麿是余绍宋在日本留学时的同学,近卫等早就试图拉拢余先生为其效力。对敌人的阴谋,余先生洞若观火,他的避居沐尘,就是为了"死亦奚足惧,所忧被挟持"。在他那些咏竹诗中,余绍宋更是倾注了强烈的思想感情和主观愿望,借用竹子"坚贞示相依,岂仅供吟啸","亭亭玉立向碧霄,此君风格本清操"的风范,表达自己"与汉赋不两立"的严正立场。

余绍宋是著名书画家,生平自诩"书第一,竹次之"。抗战前日本天皇裕仁的母亲,不惜花重金购去他所画的《风、晴、雨、雪》四帧墨竹,还特地拍电报向中国祝贺。在沐尘的日子,他更是全身心地投入画竹之中。当时随侍他的唐家仁先生如此回忆:"至于画竹,求者最多,先生笔下之竹何止千万竿,风霜雨露,老竿新篁各尽其态。在先生避居沐尘巫氏邻竹斋的日子里,幽篁修竹,触目皆是。风晨月夜,静观默察,写来尤多新意。每画竹,似不假思索,实胸中成竹太多,信手挥来,枝叶披离,飘逸有致。在近代国画家中,画竹有此成就的,确实少有。"余绍宋在致画家吴湖帆的信中曾说:"吾国名画家皆重品格。"他大量画竹,正是"品画重竹,品人重骨气"的表现,和他的咏竹诗一样,看重的还是"气节"二字。

1938年初春,沐尘一带天气奇寒,大雪连下十天,雪压群竹,满山皆白:"沐尘产竹地,弥望纷华滋,春雪竟连朝,一一倒地垂。"余绍宋深为压在雪中的毛竹而担忧,在"扶持嗟无策"的情况下,他便拿起画笔,呵冻研墨,画了一幅墨竹,画面上是数竿昂然直立的毛竹,枝叶高翘,有着一股奋发向上的锐气和活力,从而替那些压在雪下的竹子"为君一扬眉"。事也凑巧,当他画毕不久,天色开始转晴,积雪也很快地融化,"起视前山竹,倏已回故姿"。对着这些重新伸直腰杆的竹子,余绍宋兴奋地赋出"暂屈岂本怀,自有独立时"的诗句。从表面上看,余绍宋画的是竹,咏的也是竹,但联系当时的时代背景,就不难看出,实际上他是以雪压群竹来喻日寇的猖狂,而遍布于群山之中的毛竹其实就是广大人民群众的象征。对竹的讴歌其实就是对人民群众的讴歌,对蕴藏在广大人民群众中的爱国热情抗敌勇气的讴歌。"暂屈岂本怀,自有独立时",描绘的就是压而不屈,傲然而立的民族形象。

由于余绍宋居住沐尘,这小山村也一时热闹起来。邻竹斋更是高朋满座,吟诗作画,会商公务,为一时之盛。如当时任省民政厅长的阮毅成就多次赴沐尘访余绍宋。"民国三十年夏,敌人进攻绍兴以后,流亡载道。我(阮毅成)约同省赈济会同人,分途到沐尘的樾老家中集合,筹商救济。"(见阮毅成著《纪余绍宋先生》)。省史料征集委员会成立时,"我(阮毅成)遂请樾老任主任委员,并暂以其所住的龙游沐尘为治事之地"(同上)。当时《东南日报》记者黄萍荪先生也曾多次来沐尘访先生,前几年并为此写有回忆文章。

虽是客居,而且又值烽火遍地的战争年代,余绍宋也还尽其所能为改变山区面貌做了一些实事。利用竹丝造纸,这是当时龙游山区的主要经济支柱。余绍宋认为,"南乡产竹,所制纸皆粗劣,深为可惜"。因此,"颇有鸠集同人,力谋改制之意"。对此,祝子孚有更详细的回忆:"吾县南乡产竹,民多以造纸为生,唯墨守故法,产销甚滞,又为少数奸商所垄断,业户苦之而无可如何。外舅乃主是村与庙下镇业纸者设立改良造纸厂合作社,从事改进,出产甚丰。又联合东南诸乡镇,倡议生产运输合作社,经理纸业。"由此可见,余绍宋不但爱竹,且更懂得毛竹在山区人民生活中的地位,千方百计地改进当地的土纸生产和经营。除此之外,其他如保护地方安全、发展教育事业、植树造林等方面，余绍宋也为沐尘一带的乡亲们费了不少心力，"保全甚多"而"尤为人所爱戴"。

余绍宋出生于衢州，且又"少小城居壮服官"，居住沐尘的日子是他一生中与家乡父老交往最深、时间最长的时期。隐居山乡，使他和家乡父老的感情更为融洽，也使他对下层百姓的艰难困苦有了更深刻的认识，对日寇的残暴、对当局的弊政也加深了切肤之痛。沐尘村边有一泉，水很清，余绍宋居住邻竹斋时，均在此汲水。1939 年，他特意在泉边勒石立碑，以为此泉"真堪沐吾尘俗矣"。这里讲的是泉水，实际上也应包括沐尘的山水风光，特别是那些日夕相对相亲的毛竹，但更主要的，还应是那些淳朴、坚毅而又勤劳的山区人民群众。

1942 年夏，沐尘曾一度沦于敌手。寇退后，余绍宋避敌归来："居停见我归，忻然具盘餐；故友见我归，执手慰艰难；邻里见我归，相告表欣慰；儿童见我归，狂呼肆娇顽。"此情此景，确实感人。余绍宋也曾拟在沐尘购地筑屋，以作永久打算："予于沐尘曾购地数弓，久思筑室，恨力不逮也。"抗战胜利，省通志馆迁回杭州，余绍宋在回杭州前特意赶到沐尘和乡亲们话别。"村中故旧相继祖饯，行之先一日，复为欢送之会，老幼妇孺咸与焉。"面对父老乡亲的依依惜别之情，余绍宋也是"使我不忍行，虽行不忍剧"，而"濒行心如割，忍泪强欢乐"。他还表示："龙丘吾故乡，沐尘非他处。山林已略启，田园亦略具，诸君其勿疑，誓将来永住。"

然而先生在离开沐尘四年后就病逝杭州，"永住"成了一个永远的遗憾。邻竹斋也终因缺乏修缮而倾圮。沐尘泉和先生所勒石碑仍在，并得到文物部门的维护，泉水也依然清冽。至于先生曾操心过的土纸生产，则早已被现代化的机器造纸所取代。由于笋竹两用林的推广发展，山上的毛竹是更多更青翠了，沐尘的风光也更美了。

注：文中引文除注明者外，均见《寒柯堂诗》。

录自《古今谈》1996 年第 1 期。

《梁格庄会葬图》

——余绍宋与梁鼎芬的如烟往事

鄢卫建

　　文人相吊，或以诗词挽，或以韵文悼，鲜有作画而祭之者。然广东番禺梁鼎芬死后，浙江龙游余绍宋就作画为祭，记录了梁鼎芬下葬的情景。此画名为《梁格庄会葬图》（见彩页）。

　　1920年1月3日（农历十一月十四日），号称清末民初"岭南近代四家"之一的梁鼎芬在北京去世。这位终生效忠于清室的遗老，带着对清王朝无限留恋之情，在中华民国的多事之秋，离开了世界。梁鼎芬生于1859年，字星海，号节庵，广东番禺人。他的一生功过是非后人多有评说，而龙游余绍宋精心制作巨幅《梁格庄会葬图》，并请多位名人题跋，由此可见作者与梁鼎芬关系非同一般。

番禺梁氏与龙游余氏的姻亲关系

　　龙游人余恩镱（1808—1893年），字镜波，于咸丰三年（1853年）以知县铨发广东，历任西宁（今郁南）、海阳知县，兼饶平知县，转仕东莞德庆、南雄、文昌、南海各州县，仕至连州直隶州知州，在粤为官近三十年。晚年他解组归里前，将是年二十八岁之女余氏嫁给了番禺梁汝乾。余氏出自官宦，养在深闺，知书达礼。然而不到一年，梁汝乾就因病去世。梁汝乾无子，族中"以从子鼎蕃嗣"（民国《龙游县志》卷二十一《列女传》），这鼎蕃便是梁鼎芬胞弟。但梁鼎芬童年十分不幸，十一岁时便父母双亡，余氏便将其接入家中，并抚之如己出，教养兼至。梁鼎芬天资聪颖，弱冠即成进士，授翰林院编修。逢中法战争爆发,北洋大臣李鸿章一味主和,清廷于光绪十年(1884年)五月与法国签订《中法简明条约》,不败而败,举世哗然。梁鼎芬闻讯,立即疏劾李鸿章,斥其辱国投降,犯六款可杀之罪,请明正典刑,以谢天下。此举朝野震惊,慈禧大怒,于光绪十一年(1885年)六月,将梁鼎芬连降五级,任太常寺司乐,成为空前绝后的"从九品翰林"。翌年复因被劾而罢官,归粤讲学。对梁鼎芬的所作所为,深明人义的余氏没有丝毫埋怨指责,反以为其"能以气节自见而夸奖。而梁鼎芬待余氏亦如亲生母"(民国《龙游县志》卷二十一《列女传》)。

光绪二十六年(1900年),八国联军兵临北京,慈禧挟光绪帝仓皇西窜,梁鼎芬首倡向逃往西安的"二圣"呈进食物、药品等,因而深得饱尝流离之苦的慈禧太后好感,嗣经湖北学政王同愈奏荐,梁鼎芬于当年十二月得赏还"翰林院编修"原衔之恩典。后在张之洞保荐下当了武昌府知府。梁鼎芬上任,余氏随之,为其主理家事,严整有法。不久,梁鼎蕃去世,因梁鼎蕃无子,乃由梁鼎芬子劬过继,于是母子、祖孙关系更为确立。辛亥革命后,清帝逊位,梁鼎芬矢忠皇室,当了溥仪老师,他请溥仪对余氏如所生母貤封。张勋复辟,梁鼎芬参与其事,抱病见黎元洪,逼其退位。北京兵乱时,梁鼎芬命其子送余氏移居天津避之。余氏说:"事苟不济,汝曹死忠,我何生为?"(民国《龙游县志》卷二十一《列女传》)竟不去。溥仪得知后感慨万端,赏赉优渥,时赐存问,余氏也为此感激涕零。过了三年,梁鼎芬去世,余氏感伤甚。及闻得溥仪谥梁鼎芬为"文忠",心稍慰。梁鼎芬死二年,余氏卒,享年八十一。

表伯与表侄

《梁格庄会葬图》作者余绍宋(1883—1949年),字越园,别署寒柯,浙江龙游人,是民国时期著名的学者。余恩铩是其曾祖父,余氏即为余绍宋祖姑母,按辈分余绍宋称梁鼎芬为"表伯"。1910年余绍宋从日本东京法政大学学成回国,清政府授以法律科举人的称号,时称"洋举人"。在梁鼎芬的推荐下,余绍宋任外务部主事;民国成立后,先后任司法部参事、次长、代理总长等。由于姻亲关系,梁余两家在京有十年往来。余绍宋时常前往梁府看望祖姑母余氏及"梁表伯",两家往来甚密。余绍宋是著名书画家,1915年在北京发起组织了"宣南画社",这是民国初期北京较早出现的美术社团。成员有二三十人,师从汤定之,每周聚会一次,吟诗作画,谈艺论文,画友间不问政治倾向,不分地位高低,来不迎、去不送,属于结社松散的定期雅集性质。梁启超、姚华、陈师曾、贺良朴、林纾、萧俊贤、陈半丁、沈尹默、萧嶙、郁曼陀、王梦白等也在其中,聚会地点多为余绍宋寓所骡马市大街西砖胡同。梁鼎芬是否其中一员,不得而知。但从《余绍宋日记》中反映,有时聚会也会在梁鼎芬府上举行。余绍宋曾在 1919 年 6 月 1日写道:"下午梁表伯处开第二次画会,到者十余人,余亦画一纸塞责。"

梁鼎芬

关于梁鼎芬的生卒,许多书将他定为 1859—1919 年。其实他确切的死期是 1920 年 1 月 3 日。余绍宋在当天日记中写道:"夜得梁宅电,知表伯已危笃,急驰往,时已九时许。见表伯痰已上涌,亟为预备后事。表伯犹两次呼去,欲有所言而不能出声,延至十二时遂长逝矣。表伯一生乃心清室,可谓完人。作官数十年,身后几无以为殓,真可伤痛。"

梁鼎芬去世,儿子梁思孝主丧事,思孝耳聋,余绍宋作为表兄竭力相辅。原本定于 5 日上午 10 时入殓,因死者尸体不僵,直到下午 4 时清皇室代表到才得以行。清室饰终之典至为优渥,赏银给现大洋,清帝溥仪、四太妃各赏千元,当宣读帝诏追谥梁鼎芬"文忠"时,在场之人为之感动而涕泪。余绍宋感叹:"此可以慰表伯之灵矣。表伯一生便是做一'忠'字,此谥当之无愧色也!"梁鼎芬忌日的头七,梁府行题旐礼。凭吊者挽联甚多,但在余绍宋眼里能称上品的绝少,唯有吴昌绶一联能入其法眼:"几日须眉犹掩映;孤生涕泪益纵横。"1 月 24 日是"三七",逊帝溥仪下谕,祭典下午 2 时举行。典礼很隆重,到客也很多。在余绍宋看来,这是因为此种典礼清室退位后已不多见,今后恐怕也难再存了。2 月 7 日,是梁鼎芬出丧日期,一大早余绍宋就到梁府帮忙打点。9 时起灵,下午 3 时半才到车站,执绋送者百数十人,连绵数里,礼仪极一时之盛。灵柩至梁格庄,属河北易县,这里是清崇陵,光绪皇帝葬于此。梁鼎芬生前于此结庐,守墓植树,并将自己的墓地定在此处,以表示对清室生死不渝的忠心。12 日下葬,头天下午,送葬者就到场。凌晨 3 时,天气酷冷,寒风侵骨,几不可当。在场百余人环立默哀,皆无倦容,"足见梁文忠恩德之感人矣",余绍宋又一次感叹。

以画纪实

人死入土为安。忙完梁鼎芬的后事,已至年关,但余绍宋心情一时尚不能平静。梁鼎芬是前清遗老,余绍宋是民国北洋政府官员,两人完全不同一政治类别,但余绍宋敬佩的是梁鼎芬对清王朝的一个"忠"字。梁鼎芬生前要为光绪帝殉葬;张勋复辟,他逼黎元洪下台;为崇陵植树筹措经费,他不惜以老迈之躯,捧着一罐罐雪水,一家家向前清遗老化缘。此种行为常人看来皆为迂腐或愚蠢之举,但在余绍宋看来,这是封建帝制时期为人臣之准则,是儒家忠君思想的体现。梁格庄边有易水,"风萧萧兮易水寒,壮士一去兮不复还",他联想到荆轲忠君慷慨取义舍生。于是,他决定写一幅画,以记梁鼎芬下葬时之情景。他前后花了两三天时间,于农历年三十下午图成。此画虽为纪实之作,场面甚大,但布局稳妥,山水人物有条不紊,笔墨沉厚朴茂,是余绍宋山水画作中的精品。画心纵 31.5 厘米,横 179厘米。余绍宋题跋:

> 《梁格庄会葬图》。易州治西十五里,有梁格庄,往岁番禺梁文忠公为崇陵种树大臣,于庄结"种树庐"居之,谓死当葬庐侧。既殇,以己未十二月二十三日葬,四方来会,柴车相望。余负土既归,重有所感,乃作斯图。庚申正月二日,余绍宋识。

余绍宋四出奔波,请当时名人题跋。引首"梁格庄会葬图",纵 31.5 厘米,横 168 厘米,由曾习经题写。跋尾纵 31.5 厘米,横 900 厘米。引首及跋尾题跋者有曾习经、陈宝琛、秦树声、朱益藩、黎湛枝、胡祥麟、陈庆佑、朱汝珍、汤涤、陈衡恪、温肃、郑孝胥、梁用弧、吴昌绶、康有为、李琦青、万绳栻、李孺、陈毅、江瀚、黄节、袁励准、邵章、周贞亮、罗惇曧、赵尔巽、陈庆和、潭祖任、李家驹、朱孝臧、袁思永、袁思亮、黄孝纾、王廷扬、叶尔恺、刘承干、陈三立、高丰等人。

其中曾习经、罗惇曧、黄节与梁鼎芬皆以诗见长,并称为"岭南近代四家"。《梁格庄会葬图》今由余氏后裔收藏。

《节庵先生遗诗》六卷刊印

梁鼎芬工诗,清词丽句,自有机杼。汪辟疆《光宣诗坛点将录》以天满星美髯公朱仝拟之,称其诗极幽秀,读之令人忘世虑。但死后,其生平所著诗文大半散失,余绍宋为其搜辑而成《节庵先生遗诗》六卷。

梁鼎芬生前有手书遗言:"我生孤苦,学无成就,一切皆不刻。今年烧了许多,有烧不尽者见了再烧,勿留一字在世上。我心凄凉,文字不能传出也。"手书遗言,梁公子劬曾出示给余绍宋。1919 年夏,梁鼎芬病重。一日余绍宋来看望,其间问梁鼎芬所著何不付刊。梁鼎芬回答:"吾不长于文,文必不刻。诗词虽意有所讬,唯烧去已不少。今所钞存仅百余首,他日不可知,今则不能示汝耳。"(《龙游高阶余氏宗谱卷十二》。)余绍宋才知表伯非不愿刻集,而是不愿传其文畤,其遗言乃是一时激动而发。梁鼎芬死后检其钞存之稿不可得,余绍宋乃与陈庆佑(公傅)商议,出告示征求梁鼎芬往日所写之诗。然而告示未久陈庆佑即去世,只得由余绍宋独力搜辑。先得《龙氏知服斋丛书》样本二百五十二首,后积一年得七百四十余首,因所录互有异同,且许多是由梁鼎芬往所书扇中录出,诗题各异,余绍宋校雠八个月。考虑到梁鼎芬生前於诗颇自矜慎,凡涉疑似及寻常酬答之作余绍宋未敢辄录。余绍宋先请闽县陈宝琛审订,然后与曾习经、黄节、胡子贤三人一再商校,其后决定,龙本即梁鼎芬生前所见定为首二卷,余绍宋所辑者为后四卷,凡诗八百六十二首,排列次序龙本一仍其旧,余绍宋所编,仅就闻知略为诠次。因为陈庆佑去世后,知梁鼎芬作诗年月者更少,为编年则每诗辗转相询,则杀青无日。诗集交沔阳卢弼慎始基斋,于 1923 年刊行。此后番禺叶恭绰又搜得遗诗三百余首,名曰《节庵先生遗诗续编》,1944 年付梓。

梁鼎芬生前好收藏,以书画为多,死后其家藏被仆人陆续窃售。梁鼎芬曾藏有归庄《归玄恭墨竹诗翰卷》,此图题有顾亭林(炎武)《越游诗九首》,二人皆为明末抗清志士。此画某日出现在书商铺,余绍宋见之大惊,追问之下得知被人盗卖于此,商铺老板欲卖于当时某权贵。余绍宋亮明身份,以重价购之。查《越游诗九首》,不见于顾之本集。余绍宋将《越游诗九首》从画卷中录出,刊登在 1945 年《浙江通志馆馆刊》创刊号上。而此画卷则于 1934 年余绍宋主持《东南日报·金石书画》副刊时刊登。余绍宋对此画的评价是"归奇顾怪,萃于一帙。天壤间恐无第二本"(《浙江通志馆馆刊》创刊号 106 页)。《归玄恭墨竹诗翰卷》今藏浙江省博物馆。

白驹过隙。如今距梁、余所处时代已近一个世纪。今天研究余绍宋、梁鼎芬者不乏其人,但二人之间的这些往事知之者却不多。笔者将其拾掇梳理,备研究者参考。

编者注:文中引文,除已注明外,均见《余绍宋日记》第 1 册,北京图书馆出版社 2003 年影印本 592 至 689 页。

录自《岭南文史》2012 年第 4 期。

略论 20 年代
梁启超与余绍宋之交往

鄢卫建

20 世纪 20 年代，是梁启超先生生命中最后的十年。在这十年中，他与一个人交往特别深，两人之关系非同一般，可谓情深义笃。这个人便是余绍宋。余绍宋（1883—1949 年），号越（樾）园，别署寒柯，浙江龙游人，民国时期著名学者，在方志学、书画创作及理论方面都有建树。本文根据有关史料，就梁启超为《龙游县志》作序、聘请余绍宋任司法储才馆学长、向余学书法、余为梁作画等，略加陈述，权作存史。

（一）

梁启超比余绍宋年长十岁，戊戌维新运动那年，余绍宋还是在家读书的 15 岁少年。1906 年余绍宋东渡日本，入东京法政大学学习法律，梁启超时在日本。1910 年余绍宋学成回国，以法律科举人授外务部主事，梁启超仍在日本。从 1913 年至 1925 年，余绍宋在北洋政府司法部先后任佥事、参事、司法部次长等职，而梁启超也就是在 1913 年任袁世凯治下司法总长。二人在 1925 年前，都在北洋政府中任职。从二人的经历看，余绍宋应早就知道或认识梁启超，但二人之间交往始见于史料的是在 1925 年 10 月 31 日。事情的起因就是梁为《龙游县志》作序。

《龙游县志》是余绍宋花了四年工夫，于 1925 年修成的。这部志书在编纂理论和方法上遵循章学诚"三书体"的原则而又多有创新。梁启超为

《龙游县志》作序的起因经过，从余绍宋的日记、书信中，我们可以得知大概情况。

先看《余绍宋日记》所记：

1925 年 10 月 31 日　梁任公来，示以所作志稿，承其赞许，因求其作序，复荷慨许，至幸事也。（余绍宋日记第 4 册，北京图书馆出版社 2003 年影印本 333 页。）

1925 年 11 月 20 日　任公撰《龙游县志序》寄来，推许不免逾分，谓较章实斋诸志为良，则尤悚愧者也。作书陈谢。（同书 349 页。）

1925 年 11 月 22 日　早起，即往北海松坡图书馆访梁任公，谢其作序。（同书 349 页。）

1925 年 11 月 23 日　作书致梁任公，仍论实斋修志得失。（同书 349 页。）

该《日记》起于 1917 年元月 1 日，1925 年 10 月 31 前，未提与梁启超接触交往。

另外，从余绍宋有关书信中，可以看出当初余绍宋曾为"作序"一事而犯愁。因龙游修志，县中设修志局，由乡绅祝康祺坐办局务，下有局员、采访员，而撰文则由余绍宋一人承担。序文原本由祝康祺捉笔。祝康祺，字劼庵，前清举人，曾任河南新野知县。但待志稿杀青时，祝康祺提出要余绍宋代他写序。余绍宋感到为难，回信道："序文必须由吾丈自撰，方显真切，非敢推辞也。此时尚未付印，缓撰不迟。或先由丈撰成后，由侄以愚见斟酌往复定稿。"（与祝劼庵百六十九号信。）

此后不久，情况发生了变化。他给祝康祺信中写道："承命代撰序，终以不欲自赞不敢应承，而环诵教书又若是敦挚，正在踌躇之际任公来谈，询近有无著述，当以拙志告成相答。彼索叙例一气读完，大加赞许，谓为方志新纪元。侄当请其作序，彼云甚愿为之。且云，须郑重为之，期以一月交卷，则犹未迟也。渠之声望通国皆知，请其作序亦大作为吾邑之光。"（与祝劼庵二百五十一号信。）

由此可以看出，梁启超为《龙游县志》作序，是很平常和偶然的。

梁启超的序文洋洋洒洒三千多字，对《龙游县志》做了很高的评价。他在序中称道："越园之治学也，实事求是，无征不信，纯采科学家最严正之态度，剖析力极敏，组织力极强，故能驾驭其所得之正确资料，若金在炉，惟所铸焉。"他将《龙游县志》与章学诚所编诸志相比,认为"其长有十",以至呼吁:"其毋使《龙游县志》为我国方志学中独传之作也。"

梁启超的这篇序文,在以后相当长的时期内未被学术界重视。后来有学者认为,梁启超序文有溢美成分,将《龙游县志》与章氏诸志相比也没有可比性。其实对任何事情的评价,都不能脱离当时的背景客观条件。我们只要对照一下《梁启超年谱》,再看看 1920 年至 1925 年,他在干什么,就不难理解他为何要为《龙游县志》作序,为什么对《龙游县志》有如此高的评价。梁启超的《清代学术概论》《中国近三百年学术史》等著作,就是在这一时段完成的。他对清代学术界各领域审视评骘,观点尽在其中。按梁启超的说法,《中国近三百年学术史》"是要说明清朝一代学术变迁之大势,及其在文化上所贡献的分量和价值"(梁启超《中国近三百年学术史》之一《反动与先驱》)。在同书《清代学者整理旧学之总成绩》之七《方志学》一文中,对章学诚更是推崇有加。认为"能认识方志之真价值、说明其真意义者,则莫如章实斋"。"方志学之成立,实自实斋始也"。章学诚在方志界的地位,在梁启超看来是至高无上的。如今在现实中见到一部以章氏理论编著,而又处处超越章氏的志书,激赏之余怎能不动情?

（二）

从梁启超方面来说,一部《龙游县志》,使他真正认识了余绍宋。识才爱才的梁启超, 将余绍宋揽进了他任馆长的司法储才馆。关于司法储才馆,1926 年梁在《司法部上设司法储才馆呈文》称:"比年各省法院逐渐推广,人才一项尤形缺乏。此次法权调查幸告藏事,各国委员对于我国改良司法希望甚切。培植人材之举,实属不容再缓。兹就旧酌酌加变更,定名为司法储才馆。""收回法权为目前最要之事,虑无不知者。既欲收回,则须预备。虽前清以来,颇有筹备,唯中经时局变迁,时作时辍,应再更进一步,以期促成,本馆之设,正为此故。"(《梁启超年谱长编》,上海人民出版社 1983 年版 1109 页。)

当年 12 月 31 日,梁启超访余绍宋,约余出任司法储才馆学长,态度极诚挚。余绍宋当年留学日本,学的是法律,回国后,一直在司法部任职。此时的余绍宋,因"三一八"惨案反对当局被罢官。因此他应允任司法储才馆学长,并着手修缮校舍、物色聘请教师、招收学生诸事务。1927 年元月

司法储才馆成立,梁启超任馆长。因健康不佳,梁启超不涉及具体事务。余绍宋于 11 日致函梁启超:

> 任公先生大鉴:
>
> 弟已于昨日来馆视事,诸务渐次就绪,工程限 16 日完竣。定 17 日行开馆礼,18 日甄录英文,24 日开课,通知业已发出。教员方面商量课目大体亦已妥洽,诸请释怀。14 日之约,别柬奉上,尚盼早临。余面陈,敬请大安。余绍宋再拜。(《梁启超年谱长编》,上海人民出版社 1983 年版 1108 页。)

梁启超因肾病摘除右肾,此后常有便血现象,尤其不能劳累。司法储才馆开馆后,馆中一切大小事务均由余绍宋代为处置。梁启超则每周来一两次,他在司法储才馆成立不久的 1 月 16 日,在《给孩子们书》中写道:

> 我现在所担任的事业,要以北方时局比较的安宁为前提,若变动剧烈,当然一切拉倒。但现在责任所在,只能在职一天,便努力一天。现在也把大概情形告诉你们。
>
> 司法储才馆已经开学了,余樾园(绍宋)任学长(等于副馆长,本来是林宰平,宰平谓治事之才彼不如樾园,故让之),学生 220 余人,青年居多,尚可造就,但英文程度太低,而本馆为收回法权预备起见,特注重此点。现在经甄别后,特设英文专班,能及格者恐不满 50 人,此为令我最失望之一端。我自己每星期六下午担任一堂功课,题目为人生哲学,此外第星期五、六两日各有两点钟为接见学生时期。我的时间费在此馆者大约如此。(《梁启超年谱长编》,上海人民出版社 1983 年版 1113 页。)

然而此时北京各派军阀相轧,政治污浊,司法部对储才馆横加干涉。余绍宋萌生南归之意,7 月 5 日致函梁启超,言结束馆事,云:"连日冒暑摒当书籍,大体已就结绪,后日约可赴津矣。去职事,前日晤翊公(江庸),略知梗概,但复书务请俟绍宋到津面谈后再发,内中亦尚有斟酌之处,必须面陈也。……"次日,赴储才馆,处理各事,为辞去学长一职做准备结束工作。

1927 年 7 月 7 日余绍宋到天津,借寓郭芸夫宅,郭宅与梁任公之饮冰室甚近,余绍宋与梁启超多次商谈储才馆事。梁启超认为如果要修改馆章,必须先商榷修改方案。梁、余二人尚未见到草案,已有消息传来,说修改方案已由阁议通过。所改定是将奖金删除,仍令学生缴费;又将学长改为总长,聘任延请教员,必须得总长同意;等等。梁、余均以为荒谬,因此两人正式决定辞职。

(三)

1927 年 10 月,余绍宋返衢州探望母亲,次年 2 月再次返津,仍居郭芸夫家,直至 7 月 20 日南归侨居杭州。此次在津居住了八九个月,与梁启超朝夕过从,往来甚欢,交谊益深。他们之间往来主要仍是研讨学术,兼及书画。当时梁启超手头的工作是编纂《中国图书大辞典》,而余绍宋则撰写《中国美术史》《书画书录解题》。为查检书画史料,余绍宋在梁启超饮冰室查阅相关书籍百余种。梁启超对余绍宋的书画十分推重。梁余二人尚在北京时,梁启超在《给孩子们书》中有这样一段话:"我给你们每人写了一幅字,写的都是近诗,还请余樾园给你们每人写一幅画,都是极得意之作。正裱好付邮,邮局硬要拆开看,认为贵重美术品要课重税,只好不寄,替你们留在家中再说罢。别有扇子六把(希哲、思顺、思成、徽音、忠忠、庄庄各一),已经画好,一两天内便写成,即当寄去。"1928 年 6 月,梁启超长子思成与林长民之女林徽音结婚,余绍宋作画四幅为贺,并有题跋。其一作桃花,题云:宜其家室。其二作兰竹,题云:翠竹漪漪,芳兰寂寂,同志相期,盟心如石。其三为山水,题云:如山如河。其四画石,题云:"磐石方且厚,可以卒千年。总题云:"思成世长新婚,写此四幅为贺。桃花记其嘉辰;兰竹美其相得;山水则诗人所以偕老之词;石则坚固不移,昔人夫妇相爱,持以为永誓者也。故断章而取其义。"

梁启超非常喜欢余绍宋的书画,常请余绍宋在饮冰室挥毫泼墨,他让子女们在旁观摩,每成一幅往往被子女持去。余绍宋作六尺巨幅《双松图》相赠,梁启超甚爱之,作长诗一首题其上。这首《题越园画双松》诗云:"故人造我庐,遗我双松树。微尚托荣木,贞心写豪素。其下为直干,离立若磐互。其上枝柯交,天半起苍雾。由来大材笃,端在植根固。亦恃骨鲠半,相倚出夹辅。不然匪风会,独立能无惧?秋气日棱棱,群卉迭新故。空山白云多,大壑沧波注。豪籁破真寂,神理忽森著。养此岁寒姿,敢谢匠石顾?"

诗中赞扬松树干直、贞心的高尚品格,对作者高超的技艺予以褒扬。并题跋于后,跋云:"越园入夏以来同客津门,间日辄过我饮冰室谈艺为欢,每出所藏旧纸墨索作画,则解衣盘礴,惨淡经营,或十日作一水石,或食顷尽数纸。儿曹学画者环立如鹄,一幅就则欢噪争持去。独此双松用贻老夫,莫敢夺也。画时留白待题咏,余不作诗且两年矣,岁怀托兴,忽复成章,用述吾侪所以相爱勉者,不仅记一时乐事云尔。丁卯中秋前一日,启超记。"(《饮冰室合集》,中华书局 1989 年影印本。)

这段跋语生动记述了余绍宋全神贯注作画,孩子们专心致志观看,画成后孩子们鹊欢争要的场面。这给病中的梁启超平添了多少愉悦。

《双松图》装裱以后,悬挂在饮冰室书斋大厅楼梯西面的墙上。梁启超1929 年逝世后,该画一直由梁夫人王桂荃收藏于饮冰室,并历经战乱,得以幸存。1950 年梁家从天津迁居北京时,该画被王桂荃带至北京西单手帕胡同的新居。某日,王桂荃担心该画受潮,便将其取出,挂于北屋墙上晾风。适逢陈叔通来访,他见到该画后激赏不已。王桂荃认为陈老更便于保存此画,遂执意将其赠之。陈叔通与梁启超、余绍宋皆为挚友,解放后曾任全国人大常委会副委员长,1966 年逝世。据说其收藏皆送故宫博物院,因此《双松图》今藏故宫博物院也未可知。

梁启超本人善书法,平常所作以魏碑体为之,晚年受余绍宋影响也开始研究章草。余绍宋劝梁启超学章草,并以所藏《急就章》和《月仪帖》相借。梁启超研读十分认真,每每加以朱批,钤以印章,并于法帖后题跋。

在余绍宋藏的《急就章》中,梁启超跋云:"皇象本《急就章》,王深宁作注尚频征引,宋末迄今搨本稀如星凤,平津馆藏一叶石林临本,明正统间刻石者,诧为未见。近罗叔韫亦得一正统本,深自矜异,其《吉石盦丛书》中景印者是已。此本虽未必皇象真迹,要当是唐摹宋刻而明拓者,视吉石景明刻精采十倍。此尤物归越园,可谓得所矣。越园劝我学章草,以此假我,留我斋垂一年。我学未成而越园将南归侍母,有终焉之志。于其濒行,检还之,辄跋数语,不胜空桑三宿之意也。戊辰夏 5 月 29 日,梁启超记于天津之饮冰室。"

《月仪帖》梁启超跋云:"越园劝我学章草,以所藏明拓《急就章》及此册相假，既而南归觐母，两拓留余斋中殆一年。偶以校严铁桥释文，是正其误释者若干条，信笔记于简端，字划潦草，点污佳拓矣。中间越园一度北来，今又将南下。世乱方亟，再见之期邈焉，难必追想一年来津门作客，间日过从，与夫小别还聚之乐，黯然难为怀。别前互检所借碑贴、书籍相还，辄题数语于此，为异日相思增一枨触也。戊辰盛夏，启超挥汗记。"字里行间，足见梁对余之依依不舍之情。梁启超所跋《急就章》《月仪贴》，今被余绍宋长孙余子安收藏。

（四）

1927 年 7 月下旬，余绍宋启程南归。梁启超为余绍宋今后生计考虑，致函上海商务印书馆张元济（菊生），请求张在上海商务印书馆为余谋一职。信中对余绍宋的为人、治学、艺术理论和修养都有很高的评价：

菊生吾兄同年足下：

前奉复书，同兹感喟。东南形势又变，覆雨翻云未知所极。仲宣七哀，少陵三别，居今读之，乃觉其之有味。公处风波之地，惨睹当倍此间耳。

兹有切恳者：挚友余越园，学术行谊当为公所能悉，以弟所见，当代著述之才，可比越园者盖不一二见。其所著《龙游县志》弟尝为作序，谓实斋、戴东原不能逮也。所著《画法要录》，古今言艺术方法之书亦未有其比，宰平所作序非溢美矣。今邮寄奉各一部，用尘鉴赏，计当与此书同达。

越园虽在司法界屡历要职，曾不改其儒素。比来感北京空气恶浊，不可堪忍，毅然舍弃廿余年来之京华生活，挈书数百箧，大去其国，将南归奉母，且理名山之业。最近此间改组所谓京师大学者，当局以艺专学长相邀，坚辞不就。其在法大、师大所任之课亦一概谢绝，其不屑不洁之苦心，非我辈中人莫之能解也。贫士而狷守自守，舍自食其力外无所为计。越园书画妙绝时人，在都十年颇用此自给，今南下亦当恃此。唯以久居北地之人，骤游吴市，其艺术又未必为庸耳俗目所能认识价值，恐未能供菽水所需，故极思在商务印书馆中为置编辑一职以资补助。越翁所最长者，中国艺术史、中国艺术批评诸作，能以科学的眼光搜理资料，以极渊雅明达之文抒写之。至如馆中或欲影印书画，托其鉴别，尤万不失一。此外则史学方面，尤其关于方志一科之科学的整理，舍彼当更无第一人。方志学为我国学术界足以自豪于天下者，此西方近儒所能认识。东方图书馆收藏方志之富甲全国，委诸越公，恣其擅析，必能为此学放一异彩，此亦商馆之一种责任矣。

越园能自刻苦，所求不奢，但得月入二百内外，亦可自赡。明知沪上凋敝之局，商馆受影响极巨，凡百不克扩充。但上为学术界，下为友谊，敢沥情力请，盼吾兄向当局建议，主持延揽，不胜大幸。弟顷有编辑《图书大辞典》之举，欲借助于我兄者甚多，又正整理南海遗著，将来欲托商馆出版，一切更当续陈。启超顿首。（《余绍宋日记第5册，北京图书馆出版社2003年影印本20页。》）

梁启超信写得情真意切，是张元济未发聘书，还是余未应聘，此为一桩悬案，从此余绍宋定居杭州靠卖字画为生。但笔者认为，当编辑终非余绍宋之本意，他应是另有所图，希望仍能从事方志编纂。前面提到，1925年10月31日，梁启超在余绍宋府上读了《龙游县志·叙例》大加赞赏："此真乃方志新纪元。"慷慨答应作序，并与他相约，他日共修《广东通志》。如今在杭以写字卖画为生，一旦广东方面有召唤，余绍宋会随时赴粤的。1929年元旦过后，余绍宋接到了好友当时的广东省教育厅厅长黄节（晦闻）的来信，约他赴广州任广东通志总纂，随后又收到了广东民政厅厅长许崇清的聘书。他着实激动了一阵子。他给黄节复信说，自归浙以来，万念俱灰，唯对（修广东通志）时复动念。修志为弟生平乐为之事，于粤尤有香火情重，岂敢言辞？答应明春元宵后当赴粤一游。但当时时局动荡，广东方面对于通志馆诸如人事经费等也无下文，余绍宋志忐不安。1929年1月19日，梁启超在北京去世，消息传来，余绍宋不胜悲痛，他知道，今生今世与广东通志无缘了。他作书给梁启超之侄梁廷璨，询问梁之后事，并嘱梁廷璨编辑梁启超未刊之稿。又作挽梁启超联：

志书正待商量，忽失据依，太息前尘真梦幻；年谱未遑自订，更谁论定，追怀别绪益酸辛。

边注跋云：

　　去年在天津，先生以余喜治方志，曾两次论及广东通志事，且曰他日当与子谋续修。今粤中果以总纂相属，辞不获已，方冀与先生商榷体例，乃适于此时下世，追想前事，悲何可言。今夏余将南归，先生黯然，索赠言甚切。余谓先生一生学问事业，为功为罪，世论尚淆，与其他日任人雌黄，不如自订年谱，内讼其失，庶可信今传后，而先生光明磊落之怀，益可大暴于天下。先生极以为然，谓当于 60 岁时订定以自寿，而今已矣。伤哉！（《余绍宋日记》第 5 册，北京图书馆出版社 2003 年影印本 720 页。）

　　余绍宋毕竟是方志学家，抗战时期，他任浙江省通志馆馆长，在艰难困苦的岁月，修成五百万言的《重修浙江通志稿》，为保存浙省文献做出了贡献。此是后话。

　　梁启超逝世后，饮冰室所有藏书，由其遗属悉数寄存北京图书馆，以供来者研究之求。1933 年，时任北京图书馆长的袁守时，为使藏书能示传后世，嘱馆员编纂书目，始成《梁氏饮冰室藏书目录》。因余绍宋曾使用过饮冰室藏书，对其藏书情况十分了解，袁请余绍宋作序，余慨然允诺，作《梁氏饮冰室藏书目录序》一篇，详述饮冰室藏书之概况及特色。这是余绍宋为报答梁启超生前对己关怀，且义不容辞的一件事。

　　录自鄢卫建著，香港文汇出版社 2009 年 3 月版《木铎集》。

余绍宋与江山中学堂的慈禧画片案

申　元

　　江山县地处闽浙赣三省交界边境，在宋朝曾出过大诗人毛滂，在明朝曾出过刑部尚书毛恺。历代名人辈出，文化水准不低。到了清代，因为江山县人民反对清廷，雍正时有位姓徐的曾为"清风不识字，何故乱翻书"两句诗，几乎灭族。所以，清代的文字狱对江山人民的文化水准起了很大的压抑作用。

　　光绪末年，清廷的改良派谋求发奋图强，主张废科举，办新学。江山县城内有个思想进步的读书人毛云鹏先生，有一定的经济实力，立志办学。遂于光绪三十一年（1905年）十月开始筹备，与江山知县李钟岳谈妥，将原文溪书院改成江山县立中学堂，以毛云鹏为堂长，主持教务，聘请博学多才的龙游余绍宋（越园）先生，杭县（今余杭）马叙伦（夷初）先生来江山县立中学堂主教席，于光绪三十二年（1906年）正月正式开学。

　　当局拨给开办费二千元，校舍修葺一新。余绍宋先生到校后，即与毛云鹏先生一同赴沪、杭置备课本图书和教学用具。随即在校内发起组织"天足会"，其宗旨是革除妇女缠足的恶劣旧习，移风易俗，解放妇女，振兴国家。"天足会"直接受到湖南熊希龄先生创办的"不缠足会"的影响，湖南的"不缠足会"成立于光绪二十四年（1898年）三月，在《湘报》上曾连续刊出《湖南不缠足总会简明章程》《戒缠足说》等文章，引起了余绍宋、马叙伦二位先生的共鸣。（参见《熊希龄》上集第55页，湖南省凤凰县政协文史委员会编）

　　余先生与挚友马叙伦先生一同剪去发辫。（参见《浙江学刊》，1983年第三期第 36 页)发起创办《新衢州杂志》，宣传民权平等思想。余、马均以青年积学，翩然主教习而名声大振。马叙伦先生尤邃于国学而富革命思想，其所发之历史讲义，皆发扬民族主义精神，从而产生了广泛的政治影响。(参见《周建人回忆录》，载 1981 年 2 月 20 日《人民日报》)

然而，江山县立中学堂从它创立的第一天起，就遇到保守势力的顽抗。地方上的旧派里靠文溪书院(即涵香书院)膏火(就是现在的奖金)补助生活的人，无时无刻不在钻江山县立中学堂的空子。其中有个叫周渠清的旧派代表人物，对江山县立中学堂仇恨最甚，他秘密雇用敬惜字纸会的工人，专门收集中学堂的废字纸，后来从字纸篓里发现一张西太后慈禧与光绪皇帝的画片，其背面有毛云鹏戏题的小令一首，上面写了《西厢记》中"我见了也消魂"的词句。原来，这张小画片是余绍宋先生与毛云鹏先生到上海采办中学堂图书时买来的。周渠清抓住把柄便指责毛云鹏大逆不道，是"革命党"，迅即告到江山知县李钟岳衙内。

李钟岳系山东人，是个忠厚长者[参见马叙伦著《我在六十岁以前》(三联书店出版)]。早年义和团运动失败后，外国的传教士在地方上横行霸道，江山县前任知县龚廷玉吃过传教士的很多苦头，而现任知县李钟岳却把传教士对付得不错。如今，碰上余绍宋和毛云鹏这样一件事，真有些棘手。李钟岳本来与毛云鹏的私交尚好，欲为消弭，无奈此案子不同一般，周渠清又进一步威胁说："知县如果办不了，我们上衢州府里告状去。"原来，衢州知府惠格，是个著名的顽固派。马叙伦先生虽为毛云鹏先生写了辩文，指出皇太后、皇帝的"御容"，并没有明令颁发出来，民间无从看到，不应追究。但是，事情并未因此结束。

接着，马叙伦先生又私下走访知县李钟岳，给他说明利害，指出如果这件事不能解决，知县大人的责任也不小，恐怕也要受牵连。第二天，李钟岳很快回访马叙伦先生，说："请转告毛云鹏先生，我决心把这件事解决好，请毛云鹏先生暂时避开一下。我马上要上府里祝道台的寿，道台是我的同乡，我和他的少爷又要好，必定能想出一个好办法。"于是，毛云鹏出走杭州。最后，以知县李钟岳出面调停，由毛云鹏出一百担谷子赎回西太后慈禧的那一张折弃的画片，随即辞去江山县立中学堂职务，余绍宋、马叙伦二先生亦因学堂停办而离去。

余绍宋先生、马叙伦先生离开江山时，江山中学堂师生热情欢送，临别时，流泪哭泣的达数十人。（参见《毛云鹏中华民国十六年六月呈江山县长朱升铨》原件，藏江山县档案馆）这是清光绪三十二年（1906 年）的事。

1944 年春，余绍宋先生重访江山，在当年的学生毛夷庚的陪同下重临旧址，不胜感慨，赋诗有"卅载文溪旧梦痕，凄然今日且重温"句。诗序中称"忆初兴学时，事属新创，持一端者，互致毁誉，几成大狱，今则罕有能言其事者矣"，即指"慈禧画片案"。

余绍宋先生给江山人民留下难忘的印象。江山县老共产党员何炯同志，曾在湖南芷江等地做过县长，他父亲逝世后特向余绍宋先生求书碑文，镌刻传世。碑文字迹端庄，现在江山县何家山墓地。

录自团结出版社 1989 年 1 月版《余绍宋》。

余绍宋为杨炯正名

朱馥生

被誉为"初唐四杰"之一的文学家杨炯（650—693年），史书记他做盈川（即今浙江龙游县）令时"以严酷称，吏稍忤意，榜杀之，不为人所多"（《新唐书·本传》）。新、旧《唐书》都没有记载他的治绩。至于他的文才，《旧唐书》尚称其《盂兰赋》"词甚雅丽"，而《新唐书》则连此也一笔勾去了。

1921年，正在北京司法部任职的龙游人余绍宋归里省母，受故乡父老之请，修纂已失修了250年的《龙游县志》，他被聘任为总编纂，里人祝康祺为其副手。余为考证龙游沿革，特请祝前往现龙游县城之西二十里的唐时盈川古城遗址踏勘，发现该地临潭高处有民间俗称的城隍庙，乃初唐盈川县令杨炯之祠。这事引起了余绍宋的疑问：一个以苛政著称的地方官，何以能受老百姓的立祠奉祀，希求他死后仍来保佑地方呢？这样一个恶吏，何以数百年后的龙游人、明代的童珮还要为他收编遗文刊世呢？余绍宋修志，素来主张"无征不信"，他认为旧《龙游县志》因袭两《唐书》旧说，没有讲清这件事，并回避杨的"治绩"，是必须澄清的。

余绍宋从康熙癸丑旧志中发现，《山川》卷"杨侯山"一条记该山有一杨侯祠。这个杨姓县令已佚其名。因与黄巢战死于该山，故山名"杨侯"。但《职官表》中只记杨炯一人。这说明唐代龙游有过两个姓杨的县令，一在初唐，一在唐末，时代远隔，决非同一个人。

余绍宋又从旧县志中"江璟清：盈川城隍庙碑"条发现有"炯因旱祷雨，不应，投井以殉"这一为他书所不载不录的史料，并从民间收集到"杨炯在大旱之年求雨不得，乃纵身跳入深潭，因而得水"的传说。传说虽有虚构成分，但也反映了群众感情。从这里以及盈川城隍庙的存在，可以认定：被老百姓奉祀为盈川城隍神的唐盈川县令、文学家杨炯，是受人民爱戴的，他受爱戴的原因是由于"德政"而非"文才"。

那末，志书上的杨炯何以成为"酷吏"的呢？原来两《唐书》所引述的唯一依据是：唐如意元年，杨炯出任盈川令时，右丞张说"以箴赠行，戒其苛"。不负责任的史官竟以此推论，给杨炯戴上"酷吏"的帽子，载入史册。真是枉哉冤也。

为了弄清这篇箴言，我查到了张说当年的《赠别杨盈川》一文，内有"君服六艺，道德为尊，君居百里，风化之源。才勿骄吝，政勿苛烦，明神是福，而小人不冤……"等词。这几句长者的劝导，怎么能构成"酷吏"的罪名呢？

余绍宋主修的民国《龙游县志》为杨炯平反，恢复历史的本来面目，杨炯第一次被县志列入《宦绩（略）》卷，余并为按语：

> 两旧志于炯未详其治绩，而新、旧《唐书》及《唐才子传》有贬词，似不宜厕于名宦。然其祠祀历千祀而不衰，非有功德于民，不能几也。或者年远代湮，亡其实耳，故仍入此略。

在卷七《艺文考》中又列"《杨盈川集》十卷，明童珮辑"一条并注：

> 《旧唐书·本传》最称其《盂兰赋》……而《新唐书·本传》删之不载……是宋祁之偏见，非定评也。
> 新旧《唐书》并称炯为政严酷，则非循吏可概见。

余绍宋又在新修县志卷九《职官表县官上·县令》中"杨炯"栏下加了"有宦绩"三字。

余绍宋澄清这段史实后，曾写有《史笔》诗两首。其中之一云：

> 史笔轻将酷吏蒙，
> 盈川庙貌至今崇，
> 不征舆诵征投赠，
> 论定州官岂至公。

　　他谴责不实事求是的史官与不听群众舆论、轻信张说投赠箴言的州官,是完全有道理的。笔者最近到龙游,原拟实地访觅一番,但当地耆老饶敏卿先生告知,城隍庙已毁,石碑也不可寻。只是该地尚有一地名"城隍庙",还能说明余绍宋修志当年"庙貌尚崇"的一点踪迹。此外,还找到了自唐代迄今不少有关杨炯的诗篇。如杨炯的好友、诗人宋之问的《山庄卧寄杨盈川炯》,明人李应阳《夏日盈川怀古》,及皇甫汸《杨盈川集序》,清人叶粲《吊杨盈川》与童应复《盈川城墟》,民国时代祝康祺《游盈川城隍庙》等。其中有:"杨侯为宰日,秀句满沧州""四杰名传贤令尹,三衢地辖旧山川""生前为令死为神,千秋遗爱在斯民"等句。

　　民国《龙游县志》修成后 14 年的 4 月上旬,余绍宋曾到县西团石湾访观唐松,联想到传为杨炯所植的五粒松的杨树山,追怀先贤,赋有长诗。"芳躅慨已遥,遗踪幸未殚,赫赫杨侯松,遗爱遂名山,……遥遥千载心,脉脉乃相关,归来有余情,魂梦眷古松。"他对这位德泽于民的文学前辈一直未能忘情。

发表于《浙江方志》1989 年第二期

录自朱馥生著,香港天马图书有限公司 2000 年 5 月版《敝帚集》。

从胡健中的用人
说到余绍宋编《金石书画》

朱馥生

抗战初期,杭州陷于日寇的前夕,东南日报社南撤金华,旋辗转至丽水,后随战时形势的发展,复在福建南平出南平版。其时笔者任职于浙南温州行政督察专员公署, 业余常写些以浙南工业生产与名胜景点为题材的报道投寄《东南日报》及在永康出刊的《浙江日报》,在后者发表的较多。《东南日报》出南平版后,就发来聘书,聘我为通讯员。说起来,这就是我与《东南日报》的一点历史渊源了。后来,我从别的地区被聘为通讯员的友人处得悉,他们之受聘也是与该报编辑素未谋面,在没有请托推荐的情况下获致的。从这一点开始了我对东南日报社用人传统的认识。

1946 年间,曾在丽水任专员的余森文调任温州专员,在接触中他谈到了胡健中社长用人唯能,十分爱才的往事。余森文在丽水办过《民生日报》,自任社长,聘张锡昌、陈虞荪、骆耕漠、刘清如等进步人士为社论委员。东南日报社在丽水,有些事需当地行政机关帮忙,胡健中与余森文常有交往。胡对《民生日报》国际版甚为赞赏,认为国际版主编是一位难得的人才。后来《民生日报》被迫停刊,胡健中就请余森文介绍国际版的主编给他,还函电催促多次。《民生日报》的国际版主任是廖湖金,时任丽水专署政工室干事员(其实是从广东隐避来浙的中共地下党员)。《民生日报》停刊后,廖湖金就被迫离开了丽水。但胡健中仍要余森文帮忙想办法请廖湖金到东南日报社去工作。据余森文回忆说:廖湖金是浙江省社会处长方青儒指名要余森文注意的所谓"危险分子",胡健中不可能一无所闻,但他还是希望廖到东南日报社去工作,足见胡爱才之殷了。

胡健中为办好报纸罗致人才不遗余力是出了名的。这还表现在他创办特种附刊《金石书画》这件事情上。1934 年 6 月《杭州民国日报》更名为《东南日报》,为扩充篇幅,开创新局,以崭新的姿态出现在世人面前,胡健中特别创办了《金石书画》这一附刊,而且单独印行,随报赠送。这份附刊虽也可登些广告,但从经济上考虑是要亏本的。胡健中坚持要办,而且力请艺坛名宿、学者余绍宋来主编。胡健中对余绍宋的推重,可于东南日报社的介绍通启中窥见概略。兹作为该报的史料抄录如下:

"龙游余越园先生绍宋,前贰法部,声誉卓然。退食之暇,精研金石,尤工书画,平日深自珍啬,不轻以片纸只字与人,海内方雅,固无不知其为一代巨笔也。著有《画法要录》十卷,《续录》十二卷,为中国画学开系统研究之始,而集其大成。又《书画书录解题》十三卷,搜集书画书籍,各为提要,尤多发前人所未及,津逮后学,厥功甚伟。今先生退隐西湖,屡征不起,同人惜其作品流传太稀,谓无以餍收藏家之望,共劝先生乘此清燕,广结墨缘,亦以百年来风雅之道浸衰,晚近作者,尤愧古人,正欲先生起而张之耳。其书各体皆工,作行草,合山阴父子矩矱与章草法度为一,俯仰操纵,自成精熟,深得皇索之遗;其作画如作字,气韵天成,命笔在蹊径之外,识者叹为妙契北苑,颉颃元季浙中三大家云。谨为介绍,以俟同好之赏鉴!东南日报社敬启。"

余绍宋先生系浙江龙游人,16 岁中秀才,毕业于日本东京法政大学后,清廷以法政科举人授外务部主事,曾两任北洋政府司法部次长,其书画创作被时人誉为"合吴昌硕、陈师曾为三鼎甲"。《东南日报》出了众多副刊,唯有《金石书画》附刊传播最广、影响最久。到 1987 年,浙江古籍出版社还重印了它的(缩印)合订本,行销国内外。这在新闻附刊史上是罕见的。

《金石书画》特种附刊自 1934 年 9 月 15 日创刊号起至 1937 年 7 月 7 日抗战军兴为止。每旬出版,为旬刊,月出 3 期,共刊出 87 期,每期 8 开 4 版,随《东南日报》附送,前 72 期合订本 3 大册。纸张上乘,印刷精美,文字清丽典雅,图片多属藏家珍品,图文并茂,雅俗共赏。社会各界反映:"使先民之奇制剧迹走向民间,为我国传统书画艺术的阐扬与普及起了良好的示范作用。"它为《东南日报》争得了极大的社会声誉。

胡健中看中余绍宋，并放手让他主编《金石书画》，发挥了余的潜力与优势，坚持了"专家办专刊"的办报方针，并从人力、助手及经济、版面上为余绍宋创造工作条件。报社另聘请一位长兴县诒庄楼主人王修（季欢）为副手，王修也是一位收藏家，又有一位青年记者黄萍荪辅助他办理有关摄影、制版、排版、校对等事务。黄萍荪经常跑杭州萱寿里余寓，在余与报社之间解决一些有关编印问题，如余绍宋在编制上取法《故宫周刊》，每一版铜锌版画的尺寸大小均要严格按余所指定的办理，这是胡健中特许的。而东南日报社总务科的张君为了给报社省钱，每欲减缩，往往清样已见，而余绍宋坚不同意，要求重制。类似事件皆由黄萍荪奔走折衷。据黄萍荪在前几年告诉我："像这样轧扁头的事经常有的。余先生以鬻书为生，但为了改动几个字，甚或几个标点，一天中连写 3 封信来也是屡见不鲜的。这时，他（余）的字似乎又不看重了，数年来积书近百通（惜于流离中散失无遗）。从这里也看出余老办刊的认真负责，一丝不苟。"

余绍宋主编《金石书画》有两个独特优势。一是专业水平高，二是在上层人士中交际广。从第一点说，余是一位有多方面成就的学者，他对方志学、目录学、书画艺术创作及其理论等领域都有开拓性的贡献。他做过国光艺术专门学校校长，故宫博物院维持委员会常务理事，对我国自汉代赵一《非草书》起至近代潘天寿《中国绘画史》、汪兆镛《岭南画征略》止，共366 人的 673 部书画著作作过提要解题，编有专著。博闻广识，品评鉴定能力特高。故凡他选刊的皆为精品真迹，他写的"编辑余谈"与作者传略、作品评介，都是学者的卓识，简明精到，非泛泛之谈。从第二点说，由于他交友广，渠道多，社会地位高，受人尊重，所以他能收集到名家的珍藏秘籍。杭州高氏梅王阁、乐只室、陈氏伏庐、杨氏丰华堂、崇明童氏绿云山房、俞氏香叶簃、王氏秋薇池馆、长兴王氏诒庄楼、嵊县王氏兼善堂、诸暨余氏仰逋居、绍兴余氏怡园，以及东阳的赵伯苏，诸暨的余铁山，寄寓杭垣的淮安陈氏石墨楼等两浙的名收藏家，都愿意提供藏品刊载，并以获得他的品评为荣。

余绍宋主编《金石书画》，坚持高标准、严要求。他选编稿件有"三录""三不录"。"三录"者：一，收藏家的藏品遗珍，包括古器物及有关书画著述的稿本孤本；二，瓷器陶器，竹木雕刻原物或拓本；三，对文字细小无法摄影、制版效果不佳的书画则录其题跋、款识。"三不录"者：一，习见的金石，寻常的书画；二，有关金石书画之著述，非稿本或有刊本而流传甚广者；三，金石书画之甚漫漶及其黯黑不能摄影者。

余绍宋给自己规定三条编辑守则：一，凡金石钟鼎、甲骨的文字有古奥难读者加以释文，使一般读者看得懂，其题识因制版缩小难以辨认者，则录出注明于旁。如"开皇兰亭"真本，道光年间有杨耆的"识"与杨奢石的"跋"，但字迹甚小且有漫漶，应在旁录刊各该全文。又如"沈存周制壶"壶上刻有律诗，照片无法将其全文显示，于是录出其全诗刊出。二，凡藏品必须附加说明，附作者小传、尺幅大小、藏品来源。如"商画象壶"（照片），刊用其正反左右 4 幅照片，注明实物大小"图小于器十分之四"字样，藏品来源是"崇明童氏绿云山房"，又有一篇童大年撰的文字，介绍画像为"或形祈祷，或状田猎，余如禽兽虫鱼钟磬器物咸备，制作精奇……传世较久、色泽莹润，朱碧粹然，得于海上，历劫不磨"云云。又如刊出东阳赵伯苏藏的"东阳何氏兰亭"全拓本，因关涉 3 位藏家，余绍宋乃从《东阳县志》《湖州府志》《两浙辎轩录》等书籍中分别查到陈焯、金大炜、户衍仁 3 位藏家的传略刊出，使读者了解流传全貌。三，余绍宋主张该刊以介绍珍品藏品为主，地下文物新发现者及时报道[如 1934 年 4 月建新（昌）天（台）临（海）公路支线发掘吴越时期的 7 寸古塔]；对当时人的书画间有精品选录，但不得超过全版四分之一，时人刻刊，则概不录入。

《金石书画》的办刊方针及余绍宋的编辑守则，对今日的报纸副刊编辑者来说，仍然有很大的借鉴意义，而胡健中的"用人唯能"原则也是值得称道的。

录自朱馥生著，香港天马图书有限公司 2000 年 5 月版《敝帚集》。

图书在版编目（CIP）数据

余绍宋研究．第二辑／刘恩聪编．—杭州：浙江工商大学出版社，2020.12

（龙游文库．2019）

ISBN 978-7-5178-4212-5

Ⅰ．①余… Ⅱ．①刘… Ⅲ．①余绍宋－人物研究 Ⅳ．①K825.72

中国版本图书馆 CIP 数据核字（2020）第 259528 号

余绍宋研究（第二辑）

YUSHAOSONGYANJIU（DIERJI）

刘恩聪 编

责任编辑	沈明珠
封面设计	天　昊
责任印制	包建辉
出版发行	浙江工商大学出版社
	（杭州市教工路 198 号　邮政编码 310012）
	（E-mail:zjgsupress@163.com）
	（网址:http://www.zjgsupress.com）
	电话:0571-88904980,88831806(传真)
排　　版	杭州天昊文化艺术有限公司
印　　刷	浙江千叶印刷有限公司
开　　本	710mm×1000mm　1/16
印　　张	128
字　　数	1860 千
版 印 次	2020 年 12 月第 1 版　2020 年 12 月第 1 次印刷
书　　号	ISBN 978-7-5178-4212-5
定　　价	298.00 元（全九册）